結局、どうするのが
一番いいんですか?

キャッシュレス生活、
年やってみた

美崎栄一郎
Eiichiro Misaki

祥伝社

＼ 著者のスマホの3画面目には
決済アプリが並んでいる ／

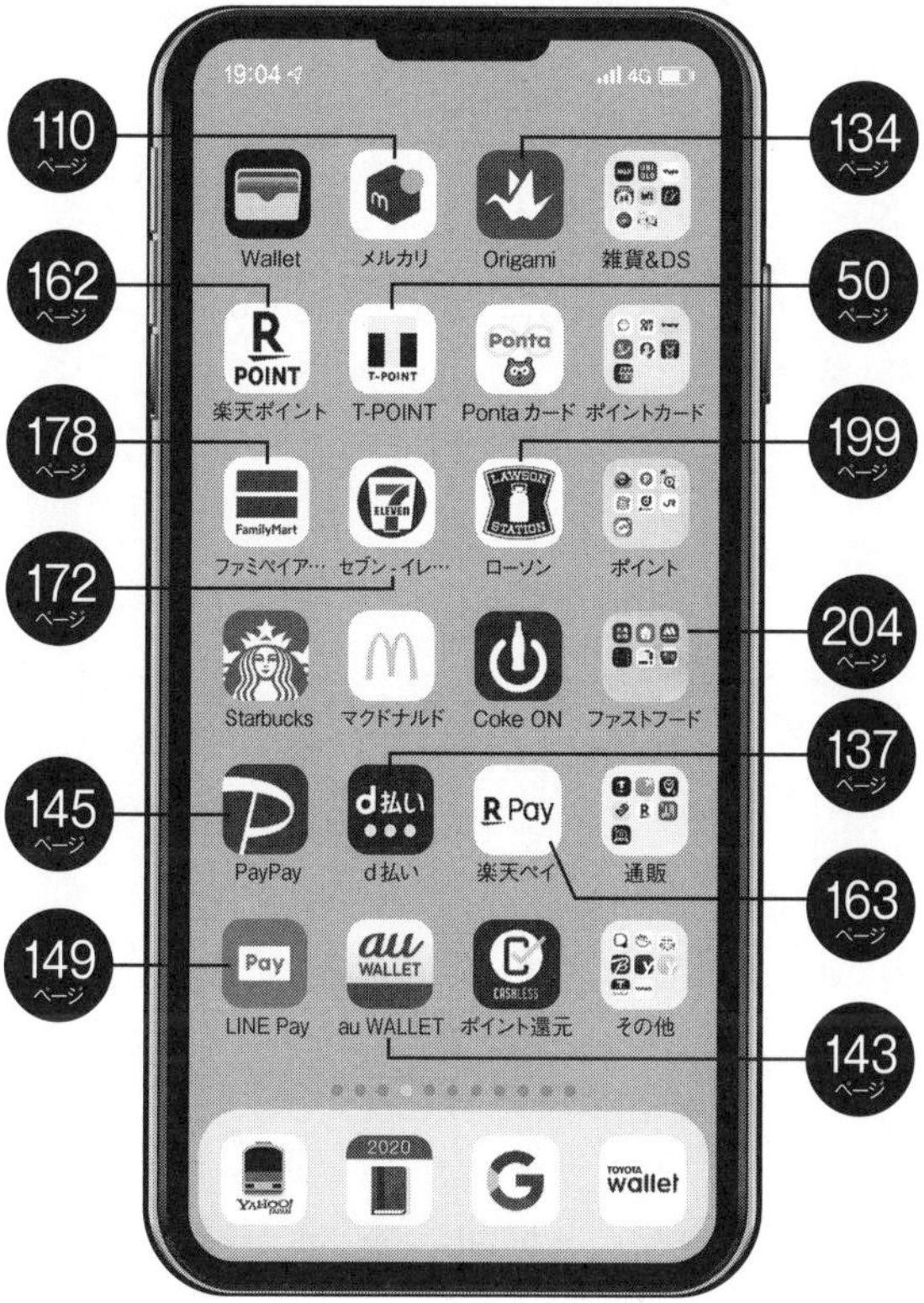

まえがき

２０１７年の夏の終わり、紙袋ひとつとマイルで、世界一周旅行に行きました。世界一周で一番、衝撃を受けたのは、世界がスマートフォンのテクノロジーのおかげで、「安全」になっていることでした。

見知らぬ国、見知らぬ都市で、飛行機から降りたあと、空港からタクシーに乗るのは以前だとドキドキしたものでした。言葉のわからない国の場合は、さらに不安が倍増します。такси…ロシア語は読めません。တက္ကစီ…ミャンマー語も読めません。Takushi…スウェーデン語だとなんとなく雰囲気でわかります。世界は、英語が通じる国ばかりではありません。

ですが、ＵＢＥＲ（ウーバー）というタクシーを配車するアプリをスマホに入れて、行き先を英語で入力すると、現在地に白タクがお迎えに来ます。

車の色や車種、ナンバーが表示されますので、どの車に乗ればよいのかは、ウーバーのアプリ上ですぐに分かります。それだけではなく、これから乗るタクシーの現在地も時々刻々と変化します。自分の現在地も地図上で表示されていますから、車が近くに来たことがスマホの画面でわかります。スマホを持って道路の車を探していると、運転手さんも私が呼んだことを察して近づいてきます。そして、停車した車に対して、私は一言言うだけ。

「ウーバー？」

全世界で、ウーバー？　と言うだけで、ストレスなく目的地まで行くことができました。ご存じの通り、日本ではまだそうなっていませんが。

ウーバーは、実のところ、国からのタクシー免許を受けていない人が運転するタクシーです。日本だと白タクという蔑称《べっしょう》になります。営業用の免許があるタクシーは、ナンバープレートが緑色なのに対して、一般の乗用車は白色です。白いナンバープレートで、違法にタクシー営業することを白タクと呼んでいたわけですが、日本では、今ではほとんど見ないですよね。

ですが、海外の発展途上の国に行くと空港には、この手の白タクがゴロゴロしているのが現状です。この白タクを自由自在にスマホで呼ぶことができるように、考えられたのがウーバーです。

最終的に目的地に到着すると、その距離や乗車時間で公平に算出され、予《あらかじ》め登録したクレジットカードで料金が自動的に決済されます。

現地通貨に両替することもなく、白タクの中でクレジットカードも現金も出すことはありませんでした。どの国でも同じです。

画期的なのは、料金交渉が必要ないということです。

メーターが付いていない白タクだと、最初に行き先を伝えて、料金交渉をするのが海外旅行の難関だったのですが、ウーバーだと料金交渉せずに、現金も渡さずに、仕事が完了するのです。

今までは、空港での両替で並ぶ。そのあと、タクシーとの料金交渉がやっかい。タクシーに乗ったら行き先を伝えるのが不安。到着したあとに慣れない通貨でお金を払うのは、ひと苦労。レシートもらえない場合も多いので、あとから金額を確認するのも面倒くさい。

このやっかいなプロセスが、ウーバーを呼ぶだけでストレスなく完了している。旅行におけるタクシー移動の生産性が飛躍的に向上していると実感したのです。それも安全に。快適に。

世界一周旅行中に実感したことは、世の中がスマートフォンで変わりそうだということでした。

そして、キャッシュレスになることで、国や地域といった足枷《あしかせ》がなくなり世の中がもっと良い方向に変わるんじゃないかと期待が膨《ふく》らみました。

この世界一周旅行での体験が、本書のテーマである「現金とキャッシュレスの未来」について興味が湧き始めたきっかけでした。

世界一周での体験の翌年（2018年）、スマホのQRコード決済がいろいろと話題になり始めました。一番の注目株はpaypay（ペイペイ）です。

2018年12月、ソフトバンクとヤフーの連合軍で、ペイペイというQRコードで決済できるサービスとして、大大的なキャンペーンが始まりました。「100億円あげちゃうキャンペーン」です。一部のコンビニや家電量販店などで、購入金額の20%引きになる。さらに40回に1回の割合で支払額の全額を戻すというクジ付きです。キャンペーンの予定期間は4カ月間でしたが、実際には、わずか10日で100億円分が配布され、あっという間に終了となりました。

テレビでも何度もオトクな情報として放映されていました。

ネット行動分析サービスを提供する株式会社ヴァリューズのレポートによると、キャンペーンの10日間で、489万人の新規ユーザーを獲得し、キャンペーン終了日には駆け込み需要で４７１万人がペイペイのアプリを起動したそうです。

QUICPay、Origamiペイ、楽天ペイなどなど２０１８年以前から、実は日本ではさまざまな決済サービスが登場していたのです。それらを一気に抜き去り、たった10日間で、知名度でペイペイが一番になりました。

私もペイペイの還元の恩恵を受けました。しかし、スマホに現金をチャージして、ＱＲコードで支払わせて、誰がどう得をするんだろうという疑問が沸々《ふつふつ》と湧いてきました。

マーケティング的には大成功だったのがペイペイの「１００億円あげちゃうキャンペーン」なのですが、ビジネスモデルやその意図について、その裏側の仕組みを知りたいという好奇心旺盛な私（自称、「仕組みフェチ」）は、このタイミングで、キャッシュレス時代を追求してみようと、ペイペイの祭りのあと、２０１９年は現金を使わないでキャッシュレスで生活してみようと決意したのです。

通貨は基本的に国家が管理していますので、キャッシュレスの状況も各国でそれぞれ異なります。円という通貨を使う日本は独自の経済圏で動きます。ですが、日本のキャッシュレスを考えるにあたっては、隣国の状況が影響してきます。

日本への影響が大きいのはアメリカです。クレジットカードという決済システムはメイド・イン・アメリカのサービスです。また、現在の情報のインフラとなったスマートフォンはアップルとグーグルというアメリカ企業が2強として存在しています。欧米というまとめ方をしますが、ヨーロッパからの日本への影響は、いまは少ないと言えます。ただ、過去イギリスを始めとしたヨーロッパから学び、導入したインフラが今の日本の根幹に残っています。ヨーロッパは隣国と陸続きということ、そのために生まれたユーロという国を跨《また》いだ共通通貨はとても便利です。日本は関所を作り、管理していく文化があります。たとえば、何気なく使う関東、関西という言葉は、関所の東と西という意味です。島国である日本は、海を隔てて鎖国状態を維持できましたが、飛行機が縦横無尽に飛び回り、グローバル企業が闊歩《かっぽ》してタイムライグなく、商品も簡単に流入してきます。

また、インターネットを通じて、情報がリアルタイムにどんな場所でも繋がったおかげで、島国だから鎖国という物理的なハードルは消えつつあります。

キャッシュレス化の波は、実は中国やインド、アフリカのような国からの人の流入、モノの流入からも起こっています。そこで、キャッシュレス先進国の中国、そしてイギリスから返還された香港、台湾などのキャッシュレス事情も現地で調査してきました。本書では、導き出された日本における結果を主に書きますが、ご興味ある方は、海外での現金使わない生活についても無料で公開しておきますので、ご一読ください。

この本では、私の現金を使わない、キャッシュレス生活を通じて、これからの日本のビジネスの方向や現状のビジネスモデルの仕組みについても解説していきたいと思います。

【注】本文に出てくる店舗などの情報は、２０１９年12月末日現在のものです。ご利用の際は、ホームページなどで最新情報をご確認下さい。

キャッシュレス生活、1年やってみた　目次

装丁　フロッグキングスタジオ
図版　J-ART
JASRAC出2000461-001

第1章

リアル「現金使わない生活」日記

現金を使わない生活を始めることにしました

キャッシュレスが当たり前になるはずだから

２０１９年の１月１日からスタートです。まだまだ日本では現金社会が残っている最中ですから、いろいろと困難と創意工夫をしていかねばならないと思いますが、楽しみでなりません。

というのも、iPadが出たときにもiPadを使い倒そう、iPhoneが出たときもiPhoneを使い倒そうと最初は創意工夫しました。それに関する本も書きました。で、今は、というと、iPadもiPhoneも当たり前の社会インフラになっていますよね。キャッシュレスもそうなると思っているのです。

財布は二刀流

まずは、現金を使わない生活に入る、それ以前。つまり、現金を使っていたときの生活からお話したいと思います。紆余曲折《うよきょくせつ》を経て、２つの財布を併用していました。

きちんとしている人のように見える長財布と、サクッと決済するのには便利な実用的な小銭入れのような小さい財布の2つです。元々1つの財布だったのですが、長財布を使うようになり、2つに増えてしまったのです。

簡単に言うと、見栄《みば》えのする長財布が必要となりましたが、日常は身軽に動きたいので、小さい財布で運用するという財布の2刀流です。

この2つの財布に、現金を合計で、8万1180円入れて、外出していました。財布のブランドは、長財布がポール・スミスで小さい財布がabrAsusでした。

長財布は鞄の中、小さい財布は右前のポケットに配置されます。

ポール・スミスの長財布はチャック付きなので、鞄の中で開かないデザインです。ブランドものの財布ですから、見た目は良いです。ただ、大きいので、さっと出したりするのには向かないし、スーツのポケットには入りません。ですから、支払いのとき以外は鞄の中です。

小さい財布にクレカ3枚

小さい財布はクレジットカードが3枚入ります。3枚を同じスペースに重ねて収める構造なので、財布の大きさがクレジットカードより一回りくらい大きいだけです。

Paul Smith（ポール・スミス）◉イギリスのファッションデザイナーであるポール・スミスがデザインするブランド。1979年にロンドン1号店、1984年に青山店をオープン。美崎栄一郎は1990年よりポール・スミスを愛用しています。

文字通り、小さい財布です。小銭を入れるスペースもありますが、あんまりたくさん入れると財布が膨らんで小さい財布でなくなるので、私は毎朝１８０円を入れていました。１００円玉１枚＋50円玉１枚＋10円玉３枚の計５枚だけ。それ以上も入りますが、５枚くらいだと膨らみません。

私の場合、コインを使う機会が多かったのは、自動販売機です。缶ジュースを買う場合は、１３０円。硬貨４枚。ペットボトルだと、１６０円。硬貨３枚。ですから、この組み合わせで硬貨を持っていると、自販機で無駄なお釣りが出ません。毎日１本くらいは買うとすると、財布が膨れません。

毎朝の日課として、増減した小銭はプラスチックケース（名刺が入っていたケースをリユース）に出して、必要な硬貨５枚だけを小さい財布に入れていました。これがルーティンでした。

小さい財布には、お札を入れるスペースもあります。１０００円札を3枚入れるのも、同じくルーティンです。

現金３１８０円とクレジットカード2枚＋Suica（スイカ）１枚が入っていますから、ちょっとした買い物には、この小さい財布だけで済みます。

クレジットカードとスイカも入っていれば、高額の支払いや電車の乗り降りもこの小さい財布だけで実際には済むのです。

長財布に新札を入れる理由

ポールスミスの長財布に新札を7万7千円入れるのも、朝の日課にしていました。基本的に新札だけしか入れません。お釣りが帰ってくると、旧札がそのときは混ざってしまいますが、朝の日課で、旧札とレシートは抜き出して、新札を13枚入れるので、財布はずっとキレイなままです。分厚くもなりません。

1万円札を6枚、5000円札を2枚、2000円札2枚、1000円札3枚の合計13枚です。

10000×6＋5000×2＋2000×2＋1000×3＝77000

なんとなく、7並びにしたいということと講演や会食があったときに会場費や食事代を精算することを考慮してこの金額にしていました。5万円もあれば足りるはずですが、その前になにかに使ってしまっていると足りなくなる恐れがありますから、7万7000円だったのです。コンビニATMなどに引き出しに行くという無駄な手間と手数料は払いたくなかったからです。

私の講演や勉強会は東京の品川区の施設きゅりあんというところで行うことが多いのですが、こちらは窓口で現金でのみの支払いしか対応していません。ですから、数万円を現金で支払うということが必要だったのです。実は、その後の現金使わない生活においては、お役所がハードルになります。現金しか使えないところが多い。キャッシュレスを推奨しているのが日本政府だというのに、皮肉なところです。

7万7千円を新札で入れておくのには、理由がふたつあります。他人に対しては、新札をもらったほうが嬉《うれ》しいだろうということ。自分に対しては、財布が汚れないので、常に綺麗《きれい》な状態で財布を使えるという理由でした。

ですから、定期的に銀行に行って、新札を引き出すようにしていました。

このルーティンのために、自宅の引き出しにバックアップ用の新札が置いてありました。過去に使っていたポールスミスの財布の中に新札が入れてあり、そこから、足りない分の新札を入れるというのが朝の日課でした。

保管したレシートを出し、顧問税理士に提出する用の封筒に入れ、お釣りでもらった使用済みのお札は、銀行の封筒に入れて保管し、小さい財布の紙幣の補充のためにたまに銀行に行って新札と交換していました。

実は、毎日当たり前のようにこの儀式のようなことをしていました。ですから、現金を使わない生活に変わってから一番違和感があったのは、この儀式がなくなったことでした。

2000円札はネタになる

2000円札は、最近あまり見かけませんが、もちろん紙幣として使えます。

割り勘の支払いにあえて2000円札を渡したり、セミナーの受付でも2000円札で支払ったりしていました。印象付けるためには、効果的なのです。1000円札を2枚渡しても話題にもなりませんが、2000円札を1枚持っているだけで、「珍しいね！」「まだ、あったんだ！」というような話題になりますから。

そのために、わざわざ、時間をかけて半年に一度くらい2000円札をたくさん両替して、バックアップの財布に入れていました。

完全に話題にするためのネタ用途のお札でした。

最近は新札を両替できるATMもありますが、新札の2000円が出せるATMはありません。ですから、2000円札がほしい場合、銀行の有人の窓口でのみ両替することができます。ちなみに、最近2000円札は印刷されていませんから、新札の

2000円紙幣◉2000年に沖縄サミットに合わせミレニアムとひっかけて、沖縄の首里城の守礼門が描かれた2000円の紙幣が生まれました。都内では見かけませんが、沖縄ではよく目にします。沖縄の銀行のATMでは2000円札を引き出せるのです。

みを両替することはできません。ですが、ほとんど使っていないようなキレイな状態の2000円札を入手できます。

ほとんど、使われないお札。何のために作ったんでしょうねと思いますが、実はここに今後の日本のお金を考える上でのヒントもあったりします。

沖縄だけでは2000円札を今でも見かけます。沖縄の銀行ではATMで2000円札を指定して、引き出すことができるからです。都内の銀行は対応できていません。新しい紙幣に機械で対応するには、設備対応が必要です。その対応ができていないと紙幣の流通枚数も減ってしまうようです。

初詣のお賽銭《さいせん》をどうするか問題

さて、現金使わない生活が始まる前の財布とお札の話が長くなりましたが、ゲーム感覚で現金を使わない生活を楽しむことにしました。

現金を使った時点で、負けです。

1回現金を使うと1敗。ということで、負けないように工夫しつつ、現金を使っていた生活から、現金を使わない生活に移行していく過程を紹介していきます。

まだまだ、日本は現金社会です。油断していると負けてしまうので、創意工夫が必要ですが、そのプロセスも追体験しながら、お楽しみください。

1月1日。

現金を使わない生活の最初の1月。
最初に困ったことは、神社でのお賽銭です。
お賽銭ですから、現金を入れるのが普通。ですが、現金を使わない生活を始めたばかりですので、神社に行って、お賽銭を現金で入れると、負けです。
初《しょ》っ端《ぱな》から、負けたくありません。ですが、時はお正月です。初詣の時期です。

私の好きなバンドのB'zの歌詞に、

♪信じるものしか救わない
セコい神様　拝むよりも
僕とずっといっしょにいる方が　気持ちよくなれるから
ツライつらいつらいとわめいてるばかりじゃ
心にしわが増えるだけ　♪

と続く、『愛のままにわがままに僕は君だけを傷つけない』という名曲がありますが、神様を拝むのにお賽銭を入れないセコい初詣にはしたくありません。

しばらく考えたあと、以前に行ったことのある神社で、たしか電子マネーで賽銭ができるというのを見たことを思い出しました。

出世の神様がいることで有名な東京の愛宕《あたご》神社です。愛宕神社は、参拝する前の門前にある急勾配《こうばい》の階段がキツいのですが、だからこそ、出世の神様なのでしょう。

電子マネーで賽銭できるのを見つけた当時は、「へぇ」と思いつつ、普通に小銭を入れていたのですが。今回神社に行く前に調べてみると、楽天の三木谷《みきたに》社長が初詣を行っているので、楽天から設置の提案があったという記事が出ていました。ですから、使える電子マネーは楽天Ｅｄｙ（エディ）です。

電子マネーを導入することで、賽銭泥棒にあう心配がないと住職さんが語ったそうですが、たしかに盗みようがありません。賽銭箱に現金がないわけですから。現金を使わないということには、防犯効果もありそうです。

ただ、神社仏閣ではまだまだ電子マネーの利用は進んでいません。この時点で調べたときも京都と栃木では電子マネーで賽銭できるところが発見できましたが、東京か

B'z（ビーズ）◉日本の伝説的ロックバンド。ギターと作曲を大阪出身の松本孝弘が、ボーカルと作詞を岡山出身の稲葉浩志が担当する。「愛のままにわがままに 僕は君だけを傷つけない」は宮沢りえ主演のドラマ西遊記の主題歌として使われました。

らは遠すぎました。京都や栃木であれば、初詣が旅行になってしまいます。

さて、愛宕神社では、賽銭の金額をテンキーで入力して、楽天エディをかざし、チャリーンと支払いました。賽銭箱の近くに端末が置いてあります。

折角ならば、他の神社仏閣にも楽天エディをどんどん営業して広めていってほしいところなのですが……。広がっていないことをみると、現実には難しいでしょうね。

ただでさえ、混雑している初詣の場所で、テンキーを使って全員がイチイチ入力していたら、大渋滞になるでしょう。とはいえ、定額料金になってお賽銭は１００円のように決められるのもなんだか違う気がします。入場料みたいですし。折衷案として、端末を複数用意して、10円の列、１００円の列、５００円の列、１万円の列のように金額別に並べるのはどうでしょう。おそらく1万円の列はＵＳＪのファストパスのように早く神様の前までたどり着く気はします。それも、拝金主義な気がして、ちょっと雰囲気が損なわれます。

とりあえず、初詣は、愛宕神社で、電子マネーの楽天エディで賽銭を入れることがクリアできましたが、神社仏閣では課題が残ります。

楽天 Edy◉2000 年にソニーと NTT ドコモを中心とした 11 社が合弁会社を作り電子マネーの事業を共同推進、プリペイド型の電子マネー Edy を 2001 年より開始。変遷を経て、楽天と提携し、2012 年より楽天 Edy と名称変更。

放置していた電子マネー・楽天エディ

さて、お賽銭で使った電子マネーの楽天エディですが、実のところ、ずっと使っていなかった放置していた電子マネーでした。

空港で小銭を出さずに使えるのが便利かもしれないと、過去に楽天エディのカードを作っていました。エディがANAとコラボレーションしたことがあります。そのタイミングで空港内のお店で一気に使えるようになりました。はっきりと覚えていませんが、そのキャンペーンで楽天エディを作ったような記憶があります。

ですが、正直なところ、ほとんど使わないで、今まで放置していました。

というのも、空港でも交通系ICのスイカが使えるところが増えています。お土産を買うときは、クレジットカードも使えます。ですから、楽天エディのカードを空港に持っていかなくなっていたのです。

元旦に、楽天エディのカードって、どこにあったかなぁと探すくらいでした。見つかったから、良かったのですが。電子マネーが増えてくると、このあたりの扱いは大変かもしれません。

キャッシュレスにはどんなものがあるのか

ここで、改めて、キャッシュレスの種類を簡単にご説明しておきます。

●クレジット（デビット）カード決済
●電子マネー決済
●スマホ決済

歴史の古いのは、クレジットカード決済です。

次に楽天エディやスイカのようなICカードにお金をチャージして使う電子マネー決済が登場しました。少額決済の分野で使われています。

そこに、新たにスマートフォンというインフラが発達したために、スマホを財布代わりに使う新しい決済方法のスマホ決済が登場してきました。

スマホ決済は、主に3つの方法です。

1）QRコード（またはバーコード）決済
2）非接触決済（タッチ決済）

3）キャリア決済

PayPay（ペイペイ）で話題になったＱＲコード決済が新興勢力で、スマホ画面とカメラを使って決済をします。

非接触決済は、日本だとガラケーと呼ばれる電話をメインとして使う携帯電話でもおサイフケータイとして非接触決済が存在していましたが、そのスマホ版です。決済端末にスマホを空中でタッチすれば決済される仕組みです。

キャリア決済は、スマートフォンを使った支払いを通信料金と合わせて通信キャリアに払うという決済方法です。最初に私が購入したコンテンツは、着メロ（着信メロディ）でした。ガラケー時代からある決済方法ですが、スマホ時代になってより購入するものが増えたために活性化してきました。

スマホが日常の一部となったことで、クレジットカード決済も電子マネー決済もスマートフォンの中に取り込まれるようになりつつあります。

右記のようなさまざまなキャッシュレス手段を使って、１年間現金を使わないで生活していくわけなのですが、そのルールを決めました。

RULE 1

現金チャージはNG

過去にチャージしたものを使用する場合は、OKとするが、新規で現金チャージするのは、NG。現金を使ったこととして、負けとします。ですので、過去にチャージしていた楽天エディを今回使ったことはセーフとします。

電子マネーは、どうすれば、キャッシュレスでチャージできるのかを考えねばなりません。

教訓と課題

財布に小銭が全くなくなったので、財布は軽くはなりました。しかし、ほとんどの神社での賽銭にはキャッシュレスはできないので注意。

キャッシュレス生活の鬼門は郵便局だった

郵便局は現金しか使えない

年始から困難が続きます。現金を使わない生活。

鬼門が郵便局です。郵便局の窓口で買える切手は、現金のみ。はがきも、荷物を送る宅配便のゆうパックも現金でしか扱ってくれません。

年賀状が届いて、予備の年賀状のストックが切れた時点で、補充分の年賀状を買いに行っていたのですが、その時点で郵便局に行けば、負け確定です。現金しか使えないことがわかっていますから。

ネットで調べたら、新宿にスイカで支払える郵便局があるという記事を発見しました。スイカはオートチャージできる設定をしていますから、ＯＫです。ここで買えば、現金を使わずに、年賀はがきを買えそうです。

早速、交通費をかけて新宿まで行ったのですが、その郵便局では今はスイカでの支払いは受け付けていないとのことでした。

スマホ割◉専用アプリ「スマホ割」を使って郵便局内の専用端末で宛名ラベルを印刷するとゆうぱっくがクレジットカード決済で割引料金で送付できます（2018年９月より開始）。

がーん！　なんのために来たのか分からない。

過去には、スイカでの支払いに対応していたそうなのですが、「ずいぶん前に廃止して、今は現金のみです」と言われてしまいました。

これがネットの情報の悪いところです。最新の情報とは限らないのです。その時点の情報で日付とか書いていなければ、今もその情報が正しいと思ってしまいます。無記名のネット情報を信頼してしまった私の失敗です。

というわけで、負けるのは嫌なので、年賀はがきを郵便局で買うのは諦《あきら》めて、新宿から退散することにしました。

ファミマTカードは使いやすい

代案は、コンビニのファミリーマートで買うことでした。

なぜ、ファミリーマートを選んだのかと言いますと、ファミマTカード（JCB）を持っていたからなのです。

私はファミマをよく使っていたので、なにかの店頭キャンペーンがあったときに、

ファミマTカードJCB◉ファミリーマートグループが発行するクレジットカード。ファミリーマート店内ではトランプのジョーカー的に使えて何でも買えるので便利。入会費や年会費は無料。ファミペイへのチャージもこのカードで可能。

クレジットカード機能付きのファミマTカードを作っていたのでした。クレジット機能のないポイントカードもありましたが、現在は新規発行できず、クレジットカード機能付きのファミマTカードのみになりました。

クレジットカードなのに、入会金も年会費も無料です。

ですが、ファミマのほとんどの商品をこのファミマTカードを使えばクレジットカードで、つまりキャッシュレスで買うことができるのです。

それにファミマで使った場合、自動的に2％のTポイントが貯まります。

切手やタバコ、公共料金、POSA（ポサ）カードなどの支払いだとポイント対象外だったりしますが、とにかくファミマに行って買い物をするときには、このカードだけを出せば、決済が終わるし、毎回「Tポイントカードはお持ちですか?」を聞かれなくて済むのが面倒くさくなくて良いのです。

カードを差し出せば、Tポイントの付いているファミリマートのカードだとわかるから、お持ちですか?　の質問は聞かれない。

毎回聞かれると、うっとおしいんですよね。正直なところ、ポイントカード。

マニュアルだから店員さんに悪気はないんでしょうが。それで、カードを持ったというのも理由の一つです。親切のつもりなのか、入会を促進しようとしているのかはわかりませんが、マニュアルを改定してほしいところです。

話を年賀はがきに戻しましょう。

ファミリーマートの店頭で、無地の年賀はがきもイラスト付きの年賀はがきも売っていました。

切手やはがきは、コンビニでもクレジットカードや電子マネーで払うことは通常はできませんが、ファミマ自身が推奨しているクレジットカードであるファミマTカードで事なきを得ました。

切手や切手の印刷されたはがきは金券類と呼ばれます。現金通貨に準ずることができ、比較的換金も容易です。金券ショップに持ち込めば値段が簡単につきます。映画のチケットでは期限もありますし、映画自身の評価によって価格も変わる可能性がありますが、切手のような金券類は一定の価値です。

それをクレジットカードで買って換金して借金をする人がいたために現金でしか買えない、とも言われています（真偽のほどは定かではありませんが）。金券類はキャッシュレス生活の鬼門です。

ただし、結論から言うと、ファミマTカードであれば、ファミリーマートで扱う金券類はクレジットカード決済できるのです。

年賀状が自宅に届き、足りない分を追加で買いに行っても、在庫がなくなってしまえば再入庫はないらしく、買えません。最後のほうはファミマをはしごしなければならず、買うのがとても大変でした。

現金を使えば、郵便局に行って即解決なのですが、こんな年始から負けていられません。

今回はファミマTカードをすでに持っていたから良かったですが、カードを作るには数週間から1カ月くらい時間がかかります。ですから、事前の準備を進めなければいけないなと年初から考えさせられました。

RULE
2 すでに持っている金券類は現金とはみなさない。使ってOK

ですから、テレフォンカードや図書カード、クオカードなどを使うのはOKとします。その金券類を現金で買うのは、もちろんNGですが。

このルールで、金券ショップにはいけないということになりますね。

ここで、郵便局でルールとして思いつきました。すでに買っている切手は、使っていいことにしました。

切手の2枚使いはダサくなる

消費税が8％になって80円＋2円切手のようになったり、10％になってからは、82円＋2円のように2枚切手を貼らねばならないのは、個人的に、嫌いなのです。

デザインがダサくなると思いませんか。

せっかくお城や風景、キャラクターの切手を貼っているのに、隣にかならず、うさぎを並べないといけません。うさぎの切手が2円なので。1円切手2枚にすると、おじさん2人が並びます。

1円切手は、日本の郵便制度を作った偉人の前島密《まえじまひそか》氏の肖像で、彼には敬意を評したいとは思いますが、トーンアンドマナーが合わない。ドラえもんの切手と並べたら藤子不二雄《ふじこふじお》先生のように勘違いする人もいるかもしれません。まだ、藤子不二雄先生は顔出ししているから違うとすぐに分かるかもしれませんが、ワンピースの切手と並べたら顔出しをしていない尾田栄一郎《おだえいいちろう》先生と勘違いしてしまうかもしれません。

小さい金額の切手もバリエーションを作ってくれると嬉しいですが、印刷コストも

前島密◉新潟の豪農に生まれて、江戸期に幕臣の前島家を継ぎ、明治政府で要職を歴任する。イギリス留学の経験からイギリスで開始された近代郵便制度を日本の津々浦々に広めました。

かかりますから難しいんでしょうね。1円、2円の切手は、色数を抑えてデザインされており、コストをかけないようにしているように見えます。

郵便局で使えないゆうちょペイ

郵便局だと、切手を使ってゆうパックを送ることができます。

東京~大阪間の120サイズだと、1690円。切手で送ることができます。82円切手を20枚で、1640円に、古い50円切手を1枚足せば、ちょうど1690円。また、62円切手を20枚で1240円、残りの450円を……と切手で払うことはできますが、とっても面倒くさい。ただ、余っている切手を消費しないのももったいない。

1000+いくらということで1000円分を用意しておいたほうが便利だろうと事前準備をしておくことにしました。1000円になる組み合わせを考えつつ、百均で買った小さなチャック付きのビニール袋に入れていきました。これで余った切手をゆうパックの送料として充当しやすくなります。

2020年に郵便局がキャッシュレス化するまでは、この余った切手でしのぎます(郵便局のキャッシュレス決済導入は、2020年2月に65局で導入を始め、同年5月までに全国の直営局の約3分の1に当たる8500局に増やす)。

ゆうちょ Pay◉郵便口座と連動するQRコード決済サービス。面白い試みは東急電鉄の券売機をATM代わりに利用できること。郵貯の現金を引き出す手続きをスマホで行い発行されるQRコードを券売機にかざすと現金が券売機から出てきます。券売機の新しい活用方法としては面白い。

こうやって切手を仕分けていると、3万円近く切手を保有していたことに驚きました。記念切手が出るとつい買ってしまう衝動を抑えきれず、こういう羽目になってしまったようです。

現金を使わない生活に入ることで、記念切手は買えません。郵便局では、現金で買うほかありませんから。記念切手の罠から脱却できそうです。

このときにひしひしと感じたことは、少額の切手を数えて合計金額を合わせることは頭の体操にはなりますが、大変時間がかかるということ。もう記念切手は買うまい。早く切手を消費してしまおうと切に思うのでした。

あとで知ったのですが、郵便局のHPからネットショッピングで、年賀状や記念切手を買うことができるようです。ただし、送料無料になるには、5000円以上の買い物をする必要があります。少額だと損をします。

年賀はがきも買えますが、12月半ばまでに購入する必要があります。それ以降は買えません。

郵便局のHPでの支払いはクレジットカード、ゆうちょ銀行からの振替、コンビニ支払い、LINEPay（ラインペイ）で支払えますが、ゆうちょが提案しているゆうちょPayは使えないようです。

郵便局のHPでも使えないのだとするとゆうちょPayは、一体どこで使うことになるんでしょう。

楽天がスタジアムで電子マネーしか使えないと割り切って推奨しているのとは、真逆ですよね。

教訓と課題

郵便局は現金のみ。現金使わない生活的には、鬼門。当座は切手で運用して、余った切手を使い切るころまでにほかの手段を考えればよいだろう。

クロネコメンバー割は1割引き。使わないと損

チャージは現金のみ。だからルール上、私は使えませんが……

現金を使わない生活の鬼門の郵便局に対して、競合するヤマト運輸、つまりクロネコヤマトの宅急便はキャッシュレス化が進んでいます。

郵便局のゆうパックは当座のところ、余った切手でしのぐとしても、それ以外の荷物の授受に困りますから対抗馬のクロネコヤマトをリサーチして準備しなければなりません。

クロネコヤマトの店頭や集荷に来るドライバーさんの端末で、電子マネーが使えます。nanaco（ナナコ）、WAON（ワオン）、楽天エディ、交通系ICカード。日本で使える電子マネーは、なんでもござれでございます。クレジットカードではなく電子マネーで対応しています。TSUTAYAのTポイントまで使える充実ぶりです。

宅急便だけではなく、小さいサイズの宅急便コンパクトやクール宅急便なども同じように電子マネーを使って、キャッシュレスで払うことができます。

クロネコヤマト独自の電子マネーも存在します。クロネコメンバーズの電子マネーカードを作ってチャージすれば、クロネコヤマトだけで使えます。入会費、年会費、初回発行手数料などは無料です。

「クロネコメンバー割」という電子マネーらしくない名前の電子マネーに現金でのみ、チャージすることができます。これを使って払うと、宅急便の送料が10%割引になります。東京から大阪まで１２０サイズ（縦横高さの合計が１２０ｃｍ）の料金は、１７２０円ですが、クロネコメンバー割を使うと、１５４４円です。

ちなみに、消費税10%増税後に設定されたキャッシュレス決済だと、１７１６円。４円だけお得です。現金の場合は、お釣りの関係で10円単位に価格設定しているようです。電子マネーだと計算どおり１円単位です。

東京近郊の電車や地下鉄の運賃と同じ考え方です。ちなみに、関西の電車や地下鉄だと１円単位ではなく10円単位です。電子マネーも現金も同額なのです。

しかし、クロネコメンバー割だと１７６円分も、お得になります。

「クロネコメンバー割」は、宅急便を使う場合に、使わないと損な電子マネーです。作るのは無料だし、運用するコストもかからない。一回あたりのチャージは、３０００円以上に設定されているので、１０００円だけチャージという交通系ＩＣカード

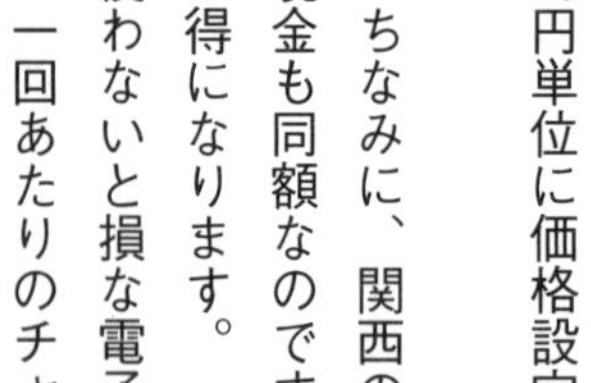

クロネコメンバー割◉電子マネーらしくない名前の電子マネー。使えるのはクロネコヤマトだけ。つまり宅急便専用電子マネー。現金でのみチャージ可能。送付時に使うと10%割引が適用されます。それを示すための割という電子マネーの名前なのかも。着払い時に使用しても割引は適用にならないのは注意。

のようなこまめなチャージはできないのですが、荷物を送る往復の金額、つまり1500円を2回で3000円くらいの運送費と考えると妥当な設定のチャージ金額でしょう。

クロネコヤマトの店頭か集荷に来たドライバーに頼めば、簡単にチャージできます。宅急便を使う人だと持っていないと損な電子マネーなのに、使っていない人も多い気がします。うーん、もったいない。

10%もなぜ割引できるのか？

仕組みフェチの私としては、何のために10%も割引をするんだろうと思い、想像してみました。人件費の節約ができると推測して計算してみましょう。

支払いに電子マネーを使うと、ドライバーや店頭での業務効率が上がります。お釣りを準備する手間が減ります。やりとりに5分かかれば、5分の人件費がかかります。

通常、お金を支払う場合は、小銭を数える時間が2回かかります。支払う立場である私たちが数える時間とドライバーの人が金額確認のために数える時間の2回。この時間が電子マネーだと速いのです。1万円チャージするのも、1000円チャージするのも同じ時間です。で、3000円以上のチャージだと、千円札3枚でチャージをお願いすると思いますので、紙幣の枚数を確認するだけで済みます。

硬貨の確認する時間より紙幣を確認する時間のほうが速いはずです。硬貨は手のひらの上に乗る以上の数になると大変です。対して端末に電子マネーをかざせば、細かい金額を数えることなく、支払いが済みます。

求人サイトで公開されているドライバーさんの平均年収600万円と月平均勤務時間の173時間で時給を算出すると、時給は2890円。分給は48円です。5分を浪費すれば240円になりますから、クロネコメンバー割の80サイズ、東京〜大阪分の176円分の割引をしても、元がとれる感じです。

お客様にとっても時間の節約になりますし、三方良しですよね。

複合カードでコストカット

このクロネコメンバー割のカードは、クロネコ割の電子マネーに加えて流通系の電子マネーも一つ入るコラボカードです。クロネコ割＋ワオンであれば、ワオンにもお金がチャージできます。クロネコ割＋ナナコであれば、ナナコにもお金がチャージできます。クロネコ割＋楽天エディであれば、楽天エディにもお金がチャージできます。組み合わせる電子マネーを選べるわけです。

つまり、クロネコメンバー割のカードを使っていながら、クロネコヤマト以外の電子マネーでも宅急便の料金を支払うことができますが、割引は数円の小銭分だけになります。

クロネコヤマトだけで使うと電子マネーのお得度は、たいしてありません。時間短縮にはなりますが……。こういう複合カードにしている理由は、コストをかけないためだろうと推測されます。

少しマニアックな話になりますが、仕組みフェチの私にお付き合いください。興味のない人はサラリと流し読みでＯＫです。

日本国内の電子マネーは、ソニーが作ったFeliCa（フェリカ）というＩＣチップで動いています。スイカもナナコもワオンも楽天エディもクロネコメンバー割も同じＩＣチップが入っています。そのＩＣチップは、入れるスペースが複数ある財布のようなものなのです。複数のカードの情報を一枚のフェリカの中に収めることができるのです。情報をたくさん入れることができるフェリカですが、チップ自体はとても小さくてカードの中に入ってしまうくらいの厚みと大きさです。厚さは１ｍｍ以下で大きさも５ｍｍ四方以下です。

FeliCa（フェリカ）◉ソニーの開発した非接触ICカードの規格。1997年香港の交通系ICカード、オクトパスで使われたのが最初。その後、日本のSuica、シンガポールのEz-linkなどの交通系ICで使われます。電子マネー機能は1999年にEdyの中で使われます。

電子マネー付きのカードを発行するのにもお金がかかりますが、その費用を減らすために、複合カードにしているわけです。どんな費用負担の配分になっているか分かりませんが、一枚のカードの中にナナコ側とヤマト側の情報が入るわけですから、発行コストは2枚カードを作るより安くなります。

一般的なナナコカード、ワオンカード、楽天エディカードを作るには、300円の発行手数料がかかります。ですが、クロネコヤマトのカードなら、無料です。カードを複数作りたくない人は、こういう2社の機能が使える電子マネーカードも便利かもしれません。

ただ、クロネコヤマトのカードに付けることのできる他社の電子マネーはお得ではないので、このクロネコヤマトのカードは3社の電子マネーはチャージしないで、クロネコメンバー割の電子マネーだけで使うことをおすすめします。

ナナコやワオンを店舗で使うのであれば、セブンやイオンが発行するカードで使うのが便利です。また、クロネコヤマトのカードの中のワオンに現金をチャージしてクロネコヤマトの運賃に支払っても割引にはなりません。

割引されるのは、クロネコ割にチャージをして使うときだけです。

ここまで、力説して書いてきたのですが、クロネコメンバー割は現金でしかチャージできません。というわけで、私は、このカードは以前にチャージしておいた残額がなくなるまでは使えますが、そのあとは封印ということになります。残念すぎる……。読者のみなさんはぜひ使ってください。

というわけで私がクロネコヤマトを使う場合は、クロネコメンバー割以外の電子マネーを使うことになります。クレジットカード機能がついている電子マネーのカードであれば、クレジットカードからオートチャージできます。また、銀行が発行しているカードであれば、銀行の口座から電子マネーにチャージできます。

というわけで、各電子マネーについて、チャージできることができるように整備していくことが急務になりました。出張先に荷物が送れなくなってしまいますから。

教訓と課題

クロネコメンバー割は使わないと損。ただし、チャージは、現金のみ。
クロネコヤマトは各種電子マネーで支払うことができるので、現金以外の手段で電子マネーにチャージすることができる方法も探さねばなりません。

ファミリーマートを定点観測

キャッシュレス生活に必須なコンビニ

現金を使わない生活をするのに必須なのが、決済システムを完備していて、商品も豊富なコンビニです。

年賀はがきを買うためにファミリーマートが登場しましたが、ここではさらに詳しく書いていきます。

私は東京に住んでいるので、徒歩で5分圏内にコンビニが4軒あります。セブンイレブン1店舗、ファミリーマートが2店舗、ローソンストア100が1店舗です。

徒歩で10分圏内に範囲を広げると、さらにセブンイレブンが3店舗、デイリーヤマザキが1店舗、ファミリーマートが2店舗、ローソン +toks が1店舗ありました。

そのあたりまで歩けば、コンビニでの買い物の用事は済んでしまうので、ちゃんと調べたことがなかったのですが、グーグルマップで徒歩範囲を広げて調べてみました。

徒歩15分圏内まで広げると、さらにセブンイレブンが8店舗、ファミリーマートが4店舗、ローソンが2店舗、ナチュラルローソンが1店舗の存在が確認できました。合計すると徒歩15分の圏内にコンビニが26店舗あることがわかりました。都内で人口が多いというのもありますが、過密ですね。私は、徒歩10分程度の店にしかほとんど行っていませんが、キャッシュレス生活を送るのに、もっとも進化がわかりやすいコンビニチェーンを定点観測しています。

おかげで、毎週のように各コンビニに行くことになり、やたらコンビニの商品や導線などについても詳しくなりました。次回作はコンビニの本かもしれません。

コンビニは大手がシステム開発をしているので、かなり前から現金ではなく、キャッシュレスで支払えました。けれども、店頭では現金で払っている人もまだまだ多いです。本当にもったいない。

２０１９年の１月に現金使わない生活を始めた当初は、特に現金の人も多かった。ですが、２０１９年の終わりには、状況がかなり変わってきて、現金での支払いの人が減ってきました。なぜ、減ったのかは、のちほど解説しますが、簡単に言うと、お客さま教育が済んだということだと思います。

グーグルマップ◉自宅から指定のコンビニを選んで経路検索すると、そのルートの距離や徒歩での時間が計算されます。店舗名でも検索できますが、ローソンのようなチェーン店名、さらには総称のコンビニ、100円ショップ、百貨店、スーパーなどでも検索可能です。

コンビニの動向はファミマで予測できる

ファミリーマートはコンビニ業界の市場シェアで2位です。トップ企業よりも2位以下の会社のほうが挑戦的になります。M&Aで、コンビニチェーンのサークルKサンクスを2016年に買収したように業界での影響力も大きい。

店舗数も1万6千店以上あり、スケールメリットもありますし、店舗も日本全国に存在します。

電子マネーのエディやドコモの決済システムiDが使えるようになったのも2007年と早かった。セブンイレブンでは、エディが2009年、iDが2010年ですから、決済手段への対応も2~3年、ファミリーマートのほうが先行していると考えてよいでしょう。そのさまざまな決済で先行するファミリーマートの全店で、クレジットカードが使えるようになったのが2011年です。それ以前から自社ブランドのファミマTカードだけは使えていたのですが、2011年に他社発行のクレジットカードも使えるようになりました。

つまり、ファミリーマートの動向をチェックしていれば、今後のコンビニ業界の動向も予測できるということなのです。

Tポイント◉レンタルビデオ大手のTSUTAYAの発行するポイントカード。TはTSUTAYAの頭文字と言われるが、そうではないとTSUTAYAを運営するカルチャーコンビニエンスクラブの増田宗昭社長はカンブリア宮殿で村上龍に語っています。

コンビニというのは、レジでお客を並ばせないというのが店頭オペレーションの基本です。たくさんの買い物客をさばけるように、工夫されています。

そういう意味では、ファミマTカードか現金だけしか決済手段のなかったときのほうがオペレーションは速いはずです。ですが、さまざまなユーザーの決済手段を取り入れることで、お客さんが日常に使っている決済手段を取り込もうとしているファミリーマートの姿勢がよくわかります。

対するセブンイレブン陣営はQR決済サービスの導入もなかなか進めなかったことからも、方針が180度異なることがよくわかります。

実は、ファミリーマートのカードがあり、それですべて支払えてしまうこともあり、私はほとんどコンビニの買い物は、ファミリーマートでしていました。

現金使わない生活を開始してから、比較の意味で、セブンイレブン、ローソン、ファミリーマートとはしごする状況になり、おかげで、日本のコンビニチェーンの戦略の違いもよく見えてきました。

定点観測は大事であるという原体験

花王時代にヘアスタイルや化粧のトレンドをチェックする仕事をしている部署にい

たときに、定点観測の仕事をお手伝いすることがありました。

毎シーズン、港区の表参道《おもてさんどう》の同じ場所で定点観測をするのです。街頭を歩いている人を観察して髪の長さやファッション、化粧の方法などをチェックします。私が手伝ったのは数年でしたが、その仕事をずっと従事している人がまとめた資料は、日本の最先端の流行がよくわかりました。

と同時に、他の国や他の街と同時期に比べることで、その変化がどう伝播《でんぱ》していくのか、その様子も分かるのです。最近になると、ネットで情報が伝わるおかげで、同時期に世界中で影響しあって流行が進むという現象があることも分かりました。

私自身が、キャッシュレスに興味が出たのも、実は世界一周の経験からだということを冒頭でお伝えしましたが、例えば、コンビニのような全国チェーンのインフラがあることで、キャッシュレス化は日本全国で同時期に進行するようになっているのです。もちろん、地域ローカルでゆっくり進む流れもありますが、お金の流れは、人間生活で重要なポイントですから、この動向がどうなるのか、どうしても知って予測したかったのです。

予測という意味では、最初にシステムを全国規模で導入するコンビニチェーン、それも先行してシステム投資を行うファミリーマートの動向は要チェックなのです。

その動きについては、また時系列でお伝えしていきますが、２０１９年１月の時点で、バーコード決済のペイペイに対応したコンビニはファミリーマートだけでした（２０１８年12月からペイペイを導入済み）。３番手のローソンがペイペイに対応したのが２０１９年の３月です。セブンイレブンが導入するのは２０１９年７月ですから、各社のＱＲ決済への対応のスピード感も比較すれば一目瞭然です。システムで先行するファミマ、それを追うコンビニ他社という状況がずっと続いていくことになります。

教訓と課題

ファミマTカード（ＪＣＢ）で、ほとんどの買い物ができるファミリーマート。年会費も発行手数料も0円です。ファミマが近くにある人は作らない手はありません。ファミマでのキャッシュレスな買い物には、ほぼ死角なしのクレジットカードです。

交通系ICの雄、Suica

交通系ICカードはキャッシュレス生活の基盤

話が前後しますが、初詣に行くときには、実際には、電車と地下鉄を乗りついで行きましたが、それはSuica（スイカ）でした。当たり前過ぎて、詳しく語りませんでしたが、交通系ICカードはキャッシュレス生活における基盤です。

交通系ICカードとして、東京では、スイカと呼ばれるJR東日本が主体の交通系ICカードと、私鉄連合が主体のPASMO（パスモ）と呼ばれる交通系ICカードがあります。

移動するときには、売店で飲み物を買うのも、自動販売機でも、この交通系ICカードで支払うのが当たり前になってきました。

もちろん、当初の設計どおり、電車に乗るときの切符代わりとして、ほとんどの人が交通系ICカードを使っています。

逆に、最近では東京では切符を買って乗っている人は少なくなってきました。交通

交通系ICカード◉電車やバスなど交通系会社が作った電子マネーの入ったカード。ICは、集積回路（Integrated Circuit）の略。日本の交通系ICカードはソニーの決済システムFeliCa（フェリカ）が入っています。カード側に電池が要らないのが特徴の一つ。

系ICカードを使わずに券売機に並ぶとちょっと馬鹿にされます。

実際には、そんなことはありませんが、改札を通るときには、そういう雰囲気を感じます。ええ、持っていないの？　的な印象です。ですから、カードを忘れたりすると恥ずかしい。最近だとiPhoneでもスイカが使えるようになったので、スイカを忘れてもなんとかなるのは便利だなぁと思います。アンドロイドのスマホやガラケー時代のおサイフ携帯では、ずいぶん前から使えていたのですけどね。

私自身、MacFanというアップルの専門誌でiPhoneに関する連載を持っていたり、『iPhoneバカ』や『iPadバカ』という本も書いていることもあって、基本的には、iPhoneしか使っていなかったのです。検証用アンドロイドも使っていましたが、普段使いはiPhoneなので、カードを忘れると、今までは切符を買いに行くこともたまにありました。

しかし、iPhoneは2016年に発売されたiPhone7からスイカに対応するようになりましたので、いまは、iPhoneだけでも大丈夫です。

スゴカ、イコカ、ダジャレか

さて、スイカはJR東日本が作った交通系ICですが、全国各地でベタな名前のI

Ｃカードが作られています。

関西だと、関西弁で、行こうか？　を意味する方言の「いこか？」のＩＣＯＣＡカードという名前になっています。九州だと、凄いを意味する「すごか！」からＳＵＧＯＣＡカードという名前だったりしています。

交通系ＩＣカードは、今では、全国共通で使えるようになっていますが、導入当初はお互いバラバラでした。ですので、名古屋のマナカや大阪のＩＣＯＣＡも持っています。私は行列に並ぶのが嫌いなので、切符を買うのに並ぶのは面倒くさいから、その都度作っていました。

交通系ＩＣカードにある程度のお金を入れておけば、イチイチ切符を買いに大阪や名古屋で並ばないで済むので、保有していたのでした。これがのちに問題になります（その詳細はあとから説明します）。

交通系カードの歴史は、日本では、実は古いのですが、その話は、おいおいするとして、交通系ＩＣカードでも、今回の現金使わない生活のルールその１「現金チャージはＮＧ」（31ページ）が適用になります。

一般的に、交通系ＩＣカードは、現金を使って駅の券売機でチャージするのが普通

交通系ICカード全国相互利用サービス◉相互利用可能なカードが10種類。Kitaca、Suica、TOICA、ICOCA、SUGOCA、PASMO、manaca、PiTaPa、はやかけん、nimoca。この10種であれば、他の地域でも同様に利用可能となっています。

ですが、こうやってしまうと、現金に依存してしまいます。手元に現金がないとチャージできませんから、銀行に行ってお金を引き出さないといけません。これだと、二度手間です。

そこで、クレジットカードや銀行口座からチャージすることができるものを探して使っていくことにしました。

現金を使わない生活を始める前から、クレジットカードからオートチャージして使っていたのですが、徹底することにしました。

オートチャージができるようになると、改札で残高不足で跳ね返されることもなくなります。

現金チャージしていると、残高不足の場合、改札を通れませんから、ゲートが閉まって、あと戻りしなければなりません。東京のような人の多いところだと、そういう立ち往生した人が出ると、一気に渋滞します。で、申し訳なさそうにゲートから引き返してくる人をよく見かけます。私はこうなると肩身が狭いので、オートチャージにしていたのです。

オートチャージできると駅で券売機に並ぶ必要がまったくなくなりますから、時間が節約できます。ただし、交通系ＩＣカードにオートチャージできるクレジットカードは、ほとんどが交通会社の発行するクレジットカードです。

私の場合は、ＪＲ東日本が作っているビューカードです。ＪＡＬのマイルを貯めているということもあり、現在の交通系ＩＣカードは、ＪＡＬのビューＳｕｉｃａのＪＣＢカードです。このカードでＪＡＬに乗るときも会員カードとして使えます。ＪＣＢカードとしても使えます。つまりは１枚あれば、３つの機能が使えます。荷物が減るのは嬉しい。

カード１枚で５ｇですが、３枚になれば、15ｇ。１００円硬貨が５ｇくらいですが、カード１枚も硬貨１枚も重さは同程度です。

ただ、硬貨は、密度が詰まっていますから重く感じますし、支払いで使っていかないと増える一方です。

最初は互換性がなく使いづらかった

日本における電子マネーで最も発行されているのは、スイカを始めとする交通系ＩＣカードです。交通系ＩＣの最初の構想が切符購入や乗り換えを便利にすることでしたので、券売機を使って現金で交通系ＩＣにチャージするのが普通です。

スイカが初めて世の中に登場したのは、２００１年11月18日の日曜日でした。

Suicaのオートチャージ◉ JR東日本グループの発行するビューカード系のクレジットカードでオートチャージが可能。当初はJR東日本の改札に入るときのみチャージされたが、のちに出るときもオートチャージされるように進化。さらに、首都圏の私鉄・地下鉄エリアでもオートチャージできるようになりました。

日曜日からスタートしているのは、平日の通勤ラッシュの東京でスタートしたくなかったからかもしれません。

東京近郊区間の424駅から始まりました。西は熱海《あたみ》、東は木更津《きさらづ》の先の君津《きみつ》、北は、栃木の宇都宮《うつのみや》まで対応しているようでした。

スイカはJR東日本の交通系ICカードの規格として始まりました。ですから、最初はJR東日本の中だけで使える切符でした。

その後、2003年から関西でJR西日本の交通系ICカードのICOCA（イコカ）がスタートしました。すべてのJR西日本エリアではなく、主要なエリアだけでした。この導入方式はJR東日本と同様です。

最初はバラバラで、スイカとイコカ、2枚持っている必要がありました。2008年にスイカとイコカは相互接続されました。このときから、1枚の交通系ICカードを持っていれば、関西でも関東でも使えるという便利な状態になりました。

テレホンカードを知らない世代

首都圏に話を戻しますと、バスや鉄道事業会社が中心となってパスモというICカード乗車券が2007年から開始されました。首都圏は、いろいろな電車が相互に乗り入れていますから、スイカとも相互乗り入れできる状態でスタートしました。交通系ＩＣカードができる前は、ＪＲだとオレンジカード、私鉄だとパスネットというテレホンカードのようなカードを使っていました。

と書きましたが、テレホンカードを知らない世代もこの本を読んでいるかもしれません。図書カードやＱＵＯカードのほうが分かりやすいでしょうか。残額がなくなるまで使用できるという磁気情報の入ったカードです。

交通系の磁気カードは、関西の阪急電車のラガールカードが日本だと最初だと思うのですが、私の学生時代は阪急沿線に住んでいたこともあり、ラガールカードを使っていました。その後、ラガールカードは「スルッとＫＡＮＳＡＩ」という関西の私鉄や地下鉄で使える便利な磁気カードとして使えるようになりました。首都圏より関西のほうが相互乗り入れのカードは進んでいたんですよね。

磁気カードは現在は廃止され、パスモやPiTaPa（ピタパ）のような交通系ＩＣカードに変わっています。磁気カードは繰り返し使うことができませんでしたが、交通系ＩＣカードは同じカードをずっと使い続けることができますから。

そう言えば、昔はいろいろなカードが磁気式で、磁石に近づけると情報が損なわれ

テレホンカード◉日本の公衆電話で使えるプリペイド式磁気カード。総務省調査によると、2000年に73万台存在した公衆電話は2019年には15万台に減少していますが、観光地のお土産では、オリジナルデザインのテレホンカードも見かけることもあります。

てしまうので、定期入れや財布の近くに磁石を置くのはご法度《はっと》でした。今だと、スマホやタブレットのカバーに磁石が使われていたりしますが、カードは問題なく使えていると思います。ＩＣチップ付きのクレジットカードやスイカのような交通系ＩＣも磁気でデータが壊れることはなさそうです。

カード会社は推奨してはいませんが、スマホカバーに交通系ＩＣカードを入れている人も多いですし、それで改札も通れています。

技術が進歩して磁石が鬼門ではなくなったということなのでしょう。

交通系ＩＣカードが電池もない状態でよくデータを保持したり、動作したりしていると不思議に思っていたのですが、これは改札のほうから電気をもらって動いています。正確には、磁気から電気を生み出しています。高校物理で習ったかもしれない、ファラデーの法則というものです。ＩＨキッチンなどが炎も通電もせずに熱を加えることができているのも、ファラデーの法則の応用です。

スマホのワイヤレス充電も同じ技術の応用です。マイケル・ファラデーが１８００年代に発見した法則が、最新の技術で、あんなに小さいＩＣカードの中に収めたことによって画期的に便利になったのです。

毎日スイカを充電していないと使えないとか面倒くさいから嫌でしょう。

オートチャージの落とし穴

私の仕事は、出張が多いので、チャージする金額も5千円を下回ると、1万円チャージとしています。

実は、交通系ICカードのオートチャージは落とし穴があるんです。スイカは、JR東日本管轄だと設定したチャージ残額を下回るとオートチャージされますが、例えば、管轄外のJR西日本の大阪で使うと、電子マネーとしては使えますが、オートチャージができない。ですから、残高不足になって、改札を通れないことが過去にあったのです。

オートチャージできるつもりでいるのに、通れません。どういう事になっているのかわからないから、最初は戸惑うばかりでしたが、オートチャージは管轄外にいくとできないと分かってからは、チャージ金額を上げて対応することにしています。

交通系ICカードは日本においては当たり前になりつつありますが、実は交通系ICカードは、日本は世界的にかなり進んでいるんです。

教訓と課題

交通系ＩＣカードは、ＪＲ東日本のスイカが先行。ＪＲ東日本グループのビューカードを作れば、オートチャージができて完全キャッシュレスに。ただし、ＪＲ東日本管轄外ではオートチャージされないので注意すること。

旅先でもキャッシュレス生活。苦労したのは意外にも…

新しいルールを適用

２０１９年年始の1月7日（月）と8日（火）は、都内で仕事でしたので、問題なく現金使わない生活を満喫しました。ただ、私は全国に出張も多いため、地方ではハードルが待ってそうです。そのハードルを乗り越えるのも楽しみなのです。

都内だと、交通系ＩＣカードのスイカとクレジットカードで、打ち合わせや取材、会食などは問題なく終了したのですが、問題は水曜日からの出張と観光です。

東京から豊橋《とよはし》まで新幹線で向かい、レンタカー（正確にはカーシェア）を借りて、続日本１００名城めぐりです。吉田《よしだ》城と古宮《ふるみや》城を攻める予定ですが、今回は百貨店勤務の山内章啓さんと一緒です。百貨店勤務なので、平日に休みがあったりするわけです。彼とは、豊橋駅で合流しました。

山内さんの運転で吉田城と古宮城に向かいます。

資料館が無料だったので、事なきを得ましたが、そういえば、この手の公共の場所

続日本 100 名城◉日本城郭協会が有識者とともに選定したのが日本 100 名城、さらに 100 城が続日本 100 名城として追加認定されました。日本を代表する 200 名城です。とはいえ、天守閣が残る城はわずかで、石垣や堀のあとだけ残る城も多い。

は現金のみという場合が多い。続日本100名城めぐりの場合は、今後は注意が必要です。ただ、普通にやっていると負け続けてしまいそうなので、誰かと一緒に行ってその人に払ってもらえれば、セーフというルールを作りました。

RULE 3 **誰かに払ってもらったあと、送金すればOK。つまりは相手にキャッシュレスでの受け取り対応をしてもらえばセーフとします**

資料館には、江戸時代に流通した寛永《かんえい》通宝とか永楽《えいらく》通宝という江戸以前の通貨が展示されていましたが、昔の人はまさか通貨が要らなくなる時代が来るなんて想像したでしょうかねぇ。

キャッシュレス生活でダイエット

お土産物屋さんに寄りましたが、ここでは現金しか使えないので、お土産もおやつも買えませんでした。おかげで、つまみぐいが減って、ダイエットできそうです。ランチは、パーキングエリアの門前そばが美味《おい》しいということで、そばを頼んだのですが、こういうお店もヤバそうです。今回は、パーキングエリアで決済設備を導入していたおかげでしょう。電子マネーが使えました。

ワオンとスイカが使えるようでしたが、ワオンは今まであまり使う機会がなく持っていませんでした。おっと、もしスイカが使えなかったら、負け確定してしまうところでした。

その後、日本三大稲荷の豊川稲荷に向かうも、お賽銭は現金のみ。見物のみで我慢です。豊川稲荷に着いてわかったのですが、油揚げを奉納していました。失敗です。途中のスーパーに寄れば、キャッシュレスで油揚げを買って奉納できたのに。

新幹線利用者ならばＥＸ‐ＩＣはマストアイテム

豊橋までは、ＪＲ東海のＥＸ‐ＩＣカードを使って指定席を予約して、豊橋から名古屋までも同じくＥＸ‐ＩＣカードを使って乗車できます。

東京～名古屋、東京～大阪への出張が多い私には、ＥＸ‐ＩＣカードは新幹線乗車のマストアイテムです。ＪＲ東海かＪＲ西日本のクレジットカードを作り、新幹線専用のＥＸ‐ＩＣカードを事前に入手しておく必要があります。このＥＸ‐ＩＣカードを

EX-IC カード◉スマホで新幹線の座席予約ができるエキスプレス予約専用の IC カード。EX-IC カードをタッチすれば新幹線の改札を通過でき事前に登録したクレジットカードから運賃と特急料金が支払われます。

新幹線の改札にタッチすれば、予約してある新幹線にキャッシュレスで乗ることができますし、チケットを買うために券売機にならぶ必要もありません。

私はJR西日本のエクスプレスカードを作っていますが、これさえあればEXアプリで新幹線乗車時間の直前でもスマホで、指定席の座席を予約してサクッと新幹線に乗ることができます。このアプリとカードのおかげで、私は、新幹線に乗る15分前くらいにスマホで予約して乗っています。混雑する時間帯が予想される場合だけ事前予約しますが、その予約も簡単に無料で変更できます。

EX−ICを使った予約では、指定席料金が無料になります。つまり自由席と同じ値段で指定席を予約することができるのです。

ただし、長距離の区間のJRを乗る場合は、EXアプリとEX−ICでちょっと面倒な手続きが必要だったりします。今回は名古屋、大阪、広島と講演して、広島空港から飛行機で東京に戻るという予定です。

EX−ICは便利なのですが、基本的な使い方では、乗車料金と特急券の料金を合算してタッチで改札を通過することができます。ただ、この乗り方だと乗車料金が分断されてしまいます。

ご存じの方も多いと思いますが、JRは長距離になると乗車料金が安くなります。

エクスプレスカード◉年会費が1000円かかるが、自由席価格で指定席を指定できるので年1回使えば元が取れます。スマートEXという普段のクレジットカードに紐付けるサービスもあるが、それよりエクスプレスカードを作るほうがお得。

東京から広島までの乗車運賃は11880円です。東京から豊橋、豊橋から名古屋、名古屋から新大阪、新大阪から広島は、乗車運賃はそれぞれ5170円、1340円、3410円、5720円となり、合計で、15640円になります。東京～広島だと営業距離が894キロメートルになるため、有効期間が6日の途中下車のできる乗車券を買ったほうが安くなるのです。

東京から広島までの6日間有効の紙の乗車券だけを券売機で購入します。そして、指定席特急券はEX－ICで予約して確保したあと、駅の専用端末で紙の指定席特急券を発券しなければなりません。面倒ですが、こうしたほうが安くなるので、仕方がありません。

アプリで予約するときに、「特急券のみ購入」と指定をするのを忘れないようにしましょう。

ともかく、新幹線の指定券や特急券は今では窓口でも券売機でも、クレジットカードを使って買えますから、現金を使わないでも良さそうです。このあたりは普段どおりの行動パターンでしたので、問題ありませんでした。

EX－ICを使って予約すると窓口に並ぶ手間が省けますので、駅でチケットを買うのが1分以内で終わります。EX－ICで乗車券と特急券を同時に発券する場合だと、改札でカードをタッチするだけで済みますから、駅での発券は0秒です。時間の節約を考えても、出張が多い人は作っておいて損はない交通系ICカードだと思います。EX－ICカード。

海外の新幹線や特急電車だと、例えば、フランスのTGVのような電車は、特にこういうカードを事前に準備していなくてもスマホでチケットをクレジットカードで買って予約番号などを取得すれば、電車に乗れます。日本のような改札がなく列車には自由に乗り込めます。車内で車掌さんに発券された予約番号をスマホで見せればOKです。

日本はスマートにやろうと思うと、事前に準備が必要なことが多いなぁと現金を使わない生活を意識するようになって再認識しました。

日本は改札にゲートがありますから、それを通るためのカードなどを事前に準備せねばならないわけです。外国人を誘致する場合にそのあたりの乗車習慣の違いも考えないといけないかもしれません。

広島のタクシーでPayPayのすごさを噛み締める

ちなみに、名古屋や大阪、広島でのセミナー会場の予約はネットを使ってクレジッ

PayPay◉ソフトバンクとヤフーグループが推進するQRコード決済ブランド。大型還元キャンペーンで話題となるが、日本全国の地域で使える店を地道に増やしている施策がすごい。

トカードで事前決済でした。

ホテルの宿泊は、楽天トラベルを使ってクレジットカードで事前決済です。というわけで、名古屋、大阪、広島はすんなり終わるかに見えましたが、実は、問題は広島でした。


広島のタクシー。

2019年の1月の段階でクレジットカードの使えないタクシーも結構走っていました。

新幹線の広島駅に着いたあと、タクシー乗り場に並ぶと、クレジットカードのシールを貼っていないタクシーが多い。というわけで、自分の番が来てもカードのマークがついていないタクシーだと、後ろに並んでいる人にタクシーを譲ります。何台か譲りました。明らかに怪しい人です。

こうやってやり過ごしてみると、広島ではクレジットカードの使えないタクシーが多い。東京だとクレジットカードや交通系ICカードで払えるタクシーばかりなので、気にしていなかったのですが……。もしかしたら、シールを貼っていないだけかもしれませんが、油断は大敵です。

現金使わない生活10日くらいで負けたくありませんから。

ようやく、ペイペイのシールを貼ったタクシーがやってきました。助かった。やるな、ペイペイ。ということで、タクシーに乗り込み、ホテルへ向かいます。運転手さんと話すと、「ペイペイを使ったことはないけど、運転席の後ろに貼っているQRコードをお客さんが読み込んで、払えるんだよね」ということで、私がQRコードを読み込んで、運賃の金額を入力して支払いボタンを押すと、「ペイペイ」とスマホが払った合図を話します。運転手さんにその画面を見せて、無事タクシーは切り抜けました。

実は、地方においてタクシーで苦労することがこのあと何度か発生します。ただ、びっくりしたのが、クレジットカードも交通系ICも使えないタクシーがペイペイのみは対応しているという事実でした。QRコードのシールを運転席の後ろに貼っておけば良いだけですから、設備投資が要らないというのも大きいのでしょう。

教訓と課題

地方ではタクシーが意外とハードルが高い。クレジットカードの対応をしているのかを事前に確認しておくべき。

初めての「敗北」はセブンイレブンだった

海外では現金使わない生活が難しい

現金使わない生活、初の敗北は、海外。台湾でした。２月21日桃園《とうえん》空港に着いたあと、空港から出られない。市内行きの交通機関はバスも鉄道もクレジットカードが使えません。現金のみと言われます。仕方がないので、交通系ＩＣカードの悠遊カードを現金で購入しました。帰りは終電を乗り過ごす失態で、空港までのタクシー。それも現金のみ。その後、フィリピンに飛んで、現金社会のフィリピンでも連敗。

海外での負けと日本での負けは数を分けることにしました。負けは負けですが。日本では、負けない戦《いくさ》をしているので、ラーメン屋さんには行きませんし、明らかに現金のみの店を避けるようにしていました。コインロッカーはコインを使えないということで、山城の麓《ふもと》にスーツケースを放置して登るという暴挙にまで出ていましたので。

で、忘れもしません。日本での1敗は、3月16日大阪のセブンイレブンの店頭だったのです。

キャッシュレスが進んでいるコンビニでなぜ負けてしまったのか

セブンイレブンの電子マネー・ナナコを使うとセブンイレブン店頭の商品や金券を自由に買えます。ただし、ナナコへのチャージはセブンイレブンの発行するクレジットカード（セブンカード・プラス）のみです。

わざわざセブンカード・プラスを作って、クレジットカードからナナコにオートチャージする設定をしました。こうしておけば、現金を目にすることなく、ナナコを自在に使うことができます。そう……できるはずでした。ただし、設定後24時間経たないと、この設定が有効にならないというルールがあるようなのです。そういえば、楽天エディもこんな24時間ルールがあった気がします。

とにかく、24時間経てば大丈夫だろうと、東京の自宅で設定して、出張先の大阪で24時間経ったはずのコンビニに入りました。いくつか商品をもってレジに並び、オートチャージできるはずのナナコを出すと、まさかの残高不足。

どういうことですか？！！　で、手元にあるスイカで残高を払いますと言うと、併用できませんと店員に言われ、後ろにも人が並んでいるので、現金でチャージしますと1000円を渡しました。

まさかのコンビニで、初黒星。1敗。

悔しすぎるので、1時間後にもう一度セブンイレブンに行きました。今度は、人がいないタイミングのレジに並んで、商品を一つだけ持ってお試しです。すると、オートチャージされるではありませんか！　正確に24時間ではなく、25時間か26時間か……なぜ、こういうタイムラグがあるのかわかりませんが、スマホ時代の時間感覚ではないですよね。

セブンイレブンの決済システムの古さを感じます。ごめんなさい。悔しいので、ちょっと毒づいてみました。

とにかく一敗は一敗です。現金チャージしてしまったわけですから。ナナコを使うと、セブンイレブンのほとんどの商品やサービスを支払えます。コピー機も切手も収入印紙も税金の支払いも。

ナナコで200円分を支払うと1ポイントがもらえます。0・5％還元です。現金をナナコにチャージして使うと、還元率はここ0・5％止まり。ですが、クレジット

nanaco（ナナコ）◉セブンイレブンなどのセブン＆アイ・ホールディングスグループで使える電子マネー。イメージキャラクターはキリンのナナコ。チャージした電子マネーは失効しませんが、nanacoポイントは有効期限があるので注意。

カードから200円チャージすると、1ポイントもらえます。つまりチャージで0・5%、そのナナコを使うと0・5%ですので、1%還元になります。

オートチャージの設定をしておけば、自動的にナナコに一定額がチャージされますので、何も気にせずにナナコを使うだけで1%の還元が受けられます。

セブンイレブンでモノを買う人は、使わないと損な仕組みです。ただ、セブンイレブン店頭では他にさまざまなキャンペーンが実施されるので、正直なところ、1%還元は霞《かす》んでしまうわけで、あまり使用頻度がなかったのですが、契約書用の収入印紙が必要になったときには、ナナコで買えるので重宝しました。

教訓と課題

電子マネーのオートチャージ設定は、電子マネーを発行している系列のカードが必要です。ナナコならば、セブンイレブン系のセブンカードプラス。ワオンならば、イオン系のイオンカード、楽天エディならば楽天カードのように、自社囲い込みのための施策でもあります。注意は設定してそのオートチャージができるようになるのに、時間がかかることです。オートチャージできる店も限られますので、残高不足になる恐れも。

キャッシュレスが意外に遅れている美術館や公共施設

美術館は現金のみ、がまだまだ多い

２０１９年は美術館を巡るようにしようという課題設定をしたのですが、同時に現金を使わない生活をしようとすると、無料チケットを誰かにもらわない限りは入場できないという問題に直面しました。

美術館は現金のみのところが多いのです。たまにクレジットカードで支払えるところもありますが、まだまだ普及が遅れています。

２０１８年になって、東京国立近代美術館、京都国立近代美術館、国立映画アーカイブ、国立西洋美術館、国立国際美術館、国立新美術館を運営する独立行政法人国立美術館がオリエントコーポレーションと共同でインバウンドの需要に対応するためにAlipay（アリペイ）に対応したとニュースリリースしているくらいです。

いちいち決済手段を事前に確認しないと美術館に行けないわけなので、足が遠のきます。日本百名城、続日本百名城に認定されたお城めぐりも私のライフワークですが、併設されている公共施設の博物館も足が遠のきます。現金のみでしか支払うことができませんから、一人で行くと負け決定です。

国がキャッシュレスを推進しているのに、この公共施設の対応はいかがなものかと思います。予算を割り振ってしまえば、この手の施設は即対応するはずなので、まずは率先してやるべきでしょう。

無駄な現金管理がなくなれば、効率も上がります。

仕事で強制的にやらないといけないのであれば、窓口の人も勉強して対応するでしょう。コンビニのレジで、外国人のアルバイトがあれだけ複雑なシステムを使いこなしているわけですから、やればできるはずなのです。

同じ娯楽でも官民でこれだけの差が

感覚的には、外国人観光客の多い場所で改善意識の強い施設から、対応しているようです。東京は増えていますが、中国からの観光客も多い北九州の小倉城周辺の施設などは電子決済が使えます。シールを貼るだけで済み、多額の設備投資が要らないQRコード決済だけを使える場所も増えていますが、日本全体では、まだ公共施設のキャッシュレス化は、道半ばという印象です。

現金を使って負ける戦いを避けたために、2019年のやりたいことリストに入っていた美術館、博物館めぐりはほとんど実行できずじまいでした。キャッシュレスで支払うことができる映画は映画館とタブレット視聴で年間100本達成できました。同じ娯楽でも官と民の対応の違いを感じます。

教訓と課題

美術館、博物館などの公共施設のキャッシュレス化は道半ば。外国人観光客の多い場所からキャッシュレス化への動きがあるような状況です。

沖縄のキャッシュレス事情

キャッシュレス対応のタクシー、急増中

沖縄に行くと空港から那覇《なは》市内まではモノレールかタクシー、北部や南部を観光される人はレンタカーを借りることになります。

沖縄は交通では現金社会です。モノレールは独自の規格で切符にＱＲコードが印刷されていて、改札でかざして乗るという日本でも珍しい方式です。ただし、この切符は現金でしか買えません。

ＯＫＩＣＡという交通系ＩＣカードもありますが、現金でしか買えません。ですから、これを利用しても負けになります。モノレールは路線も限られているので、私は今まであまり使っていません。いつもは空港からタクシーです。

いつものように、タクシー乗り場に並ぶと、多くのタクシーが行列しています。ですが、クレジットカードのマークがついているタクシーがほとんどありません。負けたくないので、カードのマークがついていないタクシーが来ると、次のお客さんに、

OKICA（オキカ）◉沖縄都市モノレール、琉球バス交通、沖縄バス、那覇バス、東陽バスで利用可能な沖縄限定の交通系ICカード。船やタクシー、お店までには利用範囲は広がっていません。

そのタクシーを譲り、10台以上スルーして、やっと乗れたのが、個人タクシーでした。個人事業主でも簡単に申請すれば使うことのできるSQUAREという決済手段で、クレジットカードに対応していました。

仕組みとしては、スマホのイヤホンジャックにSQUAREのカード読み取り機を取り付けます。専用のアプリを立ち上げ、クレジットカードをスライドさせればスマホの通信回線を使ってカード決済がなされるという仕組みです。

古いスマホでも簡単に対応できるのが強みです。

SQUAREは2009年設立のアメリカのベンチャー企業で、スターバックスが投資をしたことでも話題になりました。日本に上陸して来たのは2013年で、上陸した初期に無料で決済端末を配布していました。沖縄のタクシーで使ったのは、その無料で配布していた決済端末かもしれません。運転手さんに話を聞くと、個人事業なので、いろんな決済手段に対応しておこうと導入したとのこと。外国人の観光客が使うことが多いそうです。

沖縄は年間1000万人近い観光客が訪れます。東京、大阪などの日本からの観光客が一番ですが、関西からの観光客と同数くらいの観光客が中国本土と香港から来沖しています。

その対応で、2019年の9月以降はキャッシュレス化したタクシーが沖縄でも増えました。中国系のタクシー配車アプリDiDi（ディディ）が国内10エリア目で沖縄へ対応したのです。ディディを使って沖縄のタクシーを呼べば、キャッシュレス決済できるようになりました。それ以前は沖縄での移動手段の対応は、ほぼ現金でした。

全国共通の交通系ICカードも使えるように

交通系ICカードのOKICAのエリア内で、スイカなどの全国共通の交通系ICカードが2020年春から使えるようになると報道されました。この本の執筆時点では発表のみでまだ実施はされていませんが、この取組は画期的なので、詳しく説明しておきます。

沖縄のOKICAのカードは、東京に持ってきてもスイカの対応エリアで使うことができません。ですが、スイカなどの全国共通の交通系ICカードは、沖縄のモノレールなどOKICA対応エリアで使えるようになります。スイカ陣営にとっては便利になるけれど、OKICAは使える場所が増えるわけではありません。沖縄に訪れる観光客は沖縄でカードを作らなくても自身の普段使っている交通系ICカードが使えるのです。

ＯＫＩＣＡのセキュリティレベルやシステムレベルがスイカの水準まで達していないので、上位互換であるスイカだけが沖縄エリアで使えるという片側乗り入れの方式です。

こうすることにより、観光客は、ＯＫＩＣＡをわざわざ作ることをせずに、普段使っている交通系ＩＣカードで沖縄の公共機関も乗降車できます。沖縄都市モノレールとしても紙の切符の無駄な発行が減りますし、観光客も旅行時だけのために交通系ＩＣカードをつくるコストが必要なくなります。

沖縄と東京で、今の状態で繋ぐと何が問題かというと、セキュリティレベルの低い沖縄で電子マネーに多額のチャージを不正に行い、それを利用できる店の多い東京で使いまくると、最終的に沖縄の会社から東京のスイカを使ったお店にお金を支払わねばなりません。

ですから、現時点で進んでいるのは、東京で使えるスイカをそのまま沖縄で使えるようにして、沖縄のカードは東京では使えず沖縄だけで使えるようにするという片道通行の交通ＩＣカードの全国展開活動です。香川県のことでんでは、この片道通行のカード方式が採用されています。

古くからやっている沖縄そばのお店などは現金のみというところもまだまだ多いですが、クレジットカード対応の店も増えています。

クレジットカードはＶＩＳＡ、マスター、ＪＣＢだけではなく、中国人観光客相手の銀聯《ぎんれん》カードに対応できる店も増えています。クレジットカード対応していなかったお店もペイペイには対応するような形で、中国人観光客の取り込みに積極的です。

電気自動車で日本一周。始めた理由とは？

さて、沖縄に行った目的は、電気自動車で沖縄本島を縦断し、鹿児島に向かうためです。キャッシュレスの話から少し離れますが、ご了承ください。というか、今まで結構話が脱線していますよね。実は、脱線に見えますが、ちゃんと伏線回収していますので、最後まで頑張って読んでください。

２０１９年は、電気自動車の助手席に乗って全国を周遊しようという計画を立てました。

私は、キャッシュレスと同じように、これからは移動手段がガソリンではなく、電気になるだろうと予想しています。10年後は日本でも電気自動車が当たり前になっているはずです。

いまは、正直なところ、電気自動車は少ないです。つまりは、過渡期。その電気自動車の普及前に全国を回ってみようと思ったのです。どのくらい走れるのか、充電はどこでできるのかなどを含めた問題をあぶり出すために、です。

自分で運転して縦断してしまえば簡単なのですが、それだと面白くありません。

そこで、助手席というハードルを設定しました。つまり、ボランティアで、運転してくれる人が必要になります。レンタカーで電気自動車を借りると、運転手も初めて乗ることになりますから、自分の地元でいつも運転している場所なのに、充電スポットが意外とあることを知ったりしますし、まったくないということも実感できます。また、地元の人が知っている場所などを案内してくれることも私にとって、楽しい。

私だけの視点で電気自動車にまつわる状況を見るより複数の人の視点で見ることで気づくことがあるからです。

沖縄の那覇からスタートしました。那覇空港からトヨタレンタカーに向かいます。調べたところ、沖縄で借りられる電気自動車はトヨタレンタカーのプリウスＰＨＶたった１台です。プリウスＰＨＶはハイブリッド車なので、ガソリンでも動きますが、

プリウスPHV◉トヨタのハイブリッド車プリウスのバッテリーが比較的多く搭載され、電気のみでも走行可能にしたモデル。バッテリーで50km程度の距離を走行できます。ちなみに、通常のプリウスだと電気のみで走れる距離は1km程度です。

電気自動車モードにすればエンジンをまったく使わないで運転できるので、電気自動車としました。

沖縄で電気自動車と検索すると、日産のリーフを百台近くレンタカーとして配備したニュースがたくさん出てきます。ですが、2019年現在、その日産リーフはどのレンタカー会社でも借りることはできません。理由はわかりません。おそらく補助金が投下され、大々的に始まったけれど、何かの問題があって、0台になっているようです。こういう状況もあり、実は沖縄には電気自動車の充電スポットがいろんな場所に作られ、現在も残っています。レンタカーはなくなりましたが……。電気自動車の話だけで一冊になりそうなので、道中の話は省きますが、沖縄の南端の喜屋武《きゃん》岬まで行き、一般道を北上し辺戸《へど》岬まで、4人のボランティアドライバーのご協力で走りきりました。沖縄だと国道58号線が有名な道路で、沖縄出身の歌手の歌にはよく登場します。高速道路には乗らず一般道だけを使うという電気自動車の助手席の旅のルールなので、沖縄でも一般道のみで走りきったのですが、国道58号は、そのまま海上を走り、最終的には、鹿児島まで続くのです。

地図上では、正確に言うと書類上では、海の上に国道が走っていることになっています。日本の国道は日本全土を繋《つな》げていることになっているので、実際には道路はありませんが、その海の上の道路をフェリーが走るのです。道というものは陸を走るものだという私の固定概念が崩壊しました。

フェリーに電気自動車を乗せていくこともできますが、どうせ沖縄に返却しなければならないので、港までは電気自動車で送ってもらい、船には人だけで乗ることにしました。

沖縄の北の港、本部《もとぶ》港から鹿児島港までは、24時間かけての船旅です。このフェリーの運賃は、季節によって異なるようですが、ざっくりした費用ですと、特等4万円、1等3万円、2等1万5000円です。2等は雑魚寝《ざこね》です。私が予約した日は2等しか空きがありませんでした。乗り終えた感想は、船内に雑魚寝で何もすることのない24時間はかなりシンドい。相部屋の1等、個室の特等が満員御礼なのはよく分かります。

フェリーでは現金のみ。食べ物が買えない！

フェリーの運賃は、クレジットカードで支払えたのですが、船の中では、現金のみです。売店も自動販売機も、レストランも。おかげで、24時間、前日のコンビニで念のために買ってきたスナックパンとペットボトルだけで、3食をひもじい思いをして耐え抜きました。

　フェリーの中では、途中の島に近づくとスマホが繋がります。ですが、船内の無線LANを使えば、ネットは繋がります。Amazonで飲み物も食べ物も買うことはできますが、残念ながらフェリーの上には届きません。電波があるので、QRコード決済もできるはずですが、対応する気配はありません。

　交通系ICカードの決済であれば、電波はなくても大丈夫ですが、使えるようになる気配も感じられず、当分の間は、現金のみのようです。

　日本全国で講演していますので、今までも移動の際にフェリーに乗ったことがありますが、意識していませんでした。2019年は現金を使わないと決めていたおかげで、つらいですが、フェリーの実態にも気がついたのでした。

　脱線ついでに最後にもう少し脱線しておきます。世界の海を周遊しているような豪華客船はどうなっているのかと言いますと、完全キャッシュレスです。船に乗るときに決済するクレジットカードを設定します。それに紐付けて船内で使えるカードが発行されます。ホテルに泊まったときにルームナンバーで精算するような雰囲気ですね。

　決済は豪華客船の会社によってアメリカ系なら米ドル、イタリア系ならユーロのように船の場所がどこにあっても固定のようです。乗組員として勤務をしていた知人に確認しました。残念ながら豪華客船には、私は乗ったことはないのです。

教訓と課題

沖縄の公共機関は、2019年よりキャッシュレス化に向かって急展開しています。観光の場所ではクレジットカードが使える店も多くなっています。今回、フェリーに乗りましたが、フェリーの中はまだまだ現金のみでした。

鹿児島で敗北でごわす

油断大敵。鹿児島のバスで思わぬ展開に

本部港を朝9時ごろに出た船は、翌朝9時前に鹿児島港に到着しました。24時間のフェリーの雑魚寝には相当疲労が溜まりました。本を3冊くらい読了して、映画を数本見て、昼寝して、夜寝して、ぼぉっとした頭で鹿児島に到着しました。

鹿児島港から電気自動車のボランティアドライバーが来てくれると良かったのですが、この到着の日程では残念ながら見つからなかったので、一旦東京に帰ることになります。

鹿児島港を降りると、空港のようにデッキが船と繋がります。船から港の施設にそのまま入ります。飛行機のときのように、他のお客さんの流れに沿って、歩いていきました。すると、バスが目の前に現れ、みんな、そのバスに乗り込んでいきます。私も同じように、何も考えずにバスに乗り込み、鹿児島中央駅で降りるときに、スイカを使っていつもどおりに降りようとしました。

がーん。使えません。

3月27日。86日目にして、2敗目。不用意に乗ってしまったバス。

鹿児島は、鹿児島市交通局のローカル交通ICカードはあるのですが、これも現金チャージのみですから、いずれにせよ、ダメです。

手元の千円札で支払い、久々に現金のお釣りが戻ってきました。久々に財布の中に小銭がジャラジャラと入ることになりました。重い。

電気自動車は沖縄では運転してもらっていたので自分では運転していません。ですので、鹿児島中央駅に着いて、駅の近くの日産レンタカーで日産の電気自動車リーフを借りてみることにしました。助手席の旅ではなく、自分の観光のためにです。

急に予約すると、リーフは店には無いので取りに行くので待ってくれと言われ、さらには、充電されていないかもしれないので、貸せないかもしれないと念を押されました。30分くらい待って、フル充電された日産リーフに乗ることができたのですが、トヨタのプリウスPHVと異なり、バッテリー容量が大きいので、全く充電せずに、鹿児島の西南、知覧《ちらん》の武家屋敷まで行き、その後、鹿児島の北東にある鹿児島空港で乗り捨てるまで、走り切ることができました。沖縄では一日3から4回充電せねばならなかったので、電気自動車は不便極まりないと思っていたのですが、リーフくらい

日産リーフ◉大型のバッテリーを積み、航続距離は400km近いので、日常使用には全く問題のない電気自動車。アクセルを踏み込んだときの加速やパワーはガソリン車に勝ります。モーター駆動でギアを変速させる必要がなく乗り心地も良い。

のバッテリーを積むと日常使いには全く問題なさそうです。

知覧は特攻隊の基地があったことで有名です。戦国時代、江戸時代には城下町で、知覧城は続日本100名城に認定されています。今回の目的地は、この知覧城です。

知覧の城下町では、一部のお店でペイペイが使えました。クレジットカードは使えないのに、ペイペイはQRコードを貼るだけなので、簡単に導入できるのでしょう。中国からの観光客も知覧の武家屋敷に来ていましたが、彼ら中国人観光客は、ペイペイと書かれたQRコードに対して、アリペイで支払うことができるのです。私もフェリーではひもじい思いをしましたが、武家屋敷では予想外のペイペイの加盟店が地方で増えていることを実感して、鹿児島のお茶とお茶菓子をいただきました。

教訓と課題

地方では、ローカルな交通機関が独自交通系カードを発行している場合が多く、全国共通の交通系ICカードと相互乗り入れはしていません。チャージも現金のみが基本です。九州は、福岡を拠点としている西鉄グループのnimocaのみ、全国共通の交通系ICとして使うことができます。鹿児島でのバスで2敗目。

四国の罠

負けてしまったあの鹿児島へ。リベンジ！

日本では、2カ月間、現金を使わない生活を無事にやりすごして、3カ月目に油断したのか2敗を喫してしまいました。セブンイレブンと鹿児島のローカルバスでした。台湾でも連敗します。

ですが、日本、特に東京、大阪、名古屋といった都市圏ではコツを摑んだので、キャッシュレスの生活も問題なくなってきました。私の好きなラーメン屋さんのような明らかに現金しか対応していない店にさえ入らなければ、現金を使わないでも大丈夫になってきました。

鹿児島でのボランティアドライバーが見つかったので、また電気自動車の旅で鹿児島に向かうことになりました。今回は負けないように鹿児島空港からの路線バスに使えるラピカという名称の交通系ICカードをヤフオクで落としておきました。

日本ではこの手の交通系ICカードや電子マネーはクレジットカードで買うことが

できません。ですが、使わなくなった人がオークションに出していることも多く、ヤフオクであれば、ヤフーカードで払えますから、現金を使わなくても交通系ICカードが買えるのです。ちょっとズルいですけど。同じ敵に2回負けたくないので、工夫しました。

交通系ICカードは同じものが全国で使えたほうが利便性は増します。観光客を誘致したいのであれば、スイカなどと接続できるようにセキュリティレベルを上げればよいのですが、実際に対応するには費用もかかりますから、地方の小さなバス会社には負担が大きく、共通化が進展していません。お隣の国、中国では政府からの強制で、日本より早く中国全土が同じ交通系ICで統一されるようです。

さて、鹿児島港からボランティアドライバーの方に乗せてもらい、日産リーフで九州の最南端の佐多《さた》岬まで向かいます。沖縄の喜屋武岬、辺戸岬に続いて、今度は佐多岬です。昔は観光地として栄えたようですが、今は行く人も少なくなっているようでした。しかし、中国人の観光客は来られていました。

お土産売り場では、現金のみしか使えません。同行している人がいる場合は同行者に立替えてもらい、私はペイペイで同行者に送金して、決済するという擬似的なキャッシュレスでこの難関を切り抜けました。

ペイペイやラインペイを使える人が増えてくると、このパターンで割り勘などの支払いができるので、とても便利です。この送金機能は、アップルが新しく導入するアップルカードでも実装される予定なので、登場したら、一気に普及するだろうと予想しています。

電気自動車の助手席の旅は、その後もボランティアドライバーの方のリレーで鹿児島から宮崎へ、宮崎から大分へと抜けていきます。沖縄ではバッテリーの小さいトヨタプリウスＰＨＶで苦労したのですが、日産リーフだと充電することなく長距離駆動でき、快適です。

九州での旅は、最後に大分の佐賀関《さがのせき》の港までです。そこから、四国に渡るフェリーで、愛媛県の三崎《みさき》という港に向かいます。

予定外の行動で、現金を使ってしまうことに

フェリーの料金はクレジットカードで払えましたが、対応しているのはＶＩＳＡとマスターカードのみ。日本の船なのに。がんばれＪＣＢ。船の中では当然のように現金のみなので、我慢の70分の船旅となります。

愛媛のボランティアドライバーの方が電気自動車で三崎港に迎えにきてくれました。三崎港より先に四国の最西端の佐田岬《さだ》がありますので、インスタ映えする写真を撮りに向かいます。不便な場所なのに意外なことに観光客がいました。

四国の電気自動車の旅のメインイベントの一つである伊方《いかた》原子力発電所の電気で充電です。電気自動車をスタンドに繋いでも、どの電気が使われているのか不明なのですが、伊方原子力発電所の近くの駐車場に電気自動車の充電スポットがあります。ここから、原子力発電所を見下ろせるのです。

電気は近くの発電所から送電されるのが基本なので、おそらくこの電気は原子力です。電気自動車に原子力で充電！　これをやってみたかったのです。

さて、充電スポットでの電気代の支払いはネット決済です。現金を入れる場所はありません。人も必要ありません。ガソリンスタンドの経営では、アルバイトの不足、労働力不足が問題になっていますが、電気自動車の充電スポットが増えたら、完全に無人化されます。こういう意味でもキャッシュレスで電気自動車という時代に未来の日本は、移行するはずなのです。

愛媛では、このあと続日本100名城である河後森《かごもり》城に連れて行ってもらい、愛媛市内でお別れとなりました。一緒に行く人がいれば、なんとか立替えという手段で逃

伊方原子力発電所◉四国電力が保有する唯一の原子力発電所。2019年は、四国の電力の15%程度を供給しています。伊方原発の間近に、活断層帯があることが知られています。歴史的には、付近で慶長伊予地震（1596年）が発生した記録もあります。

げ切っていましたが、愛媛は現金のみのスポットが多いなぁという印象です。本来ならば、空港まで送っていただく予定だったのですが、今回はボランティアドライバーさんに、急遽、次の予定が入ってしまったので、愛媛市内で電気自動車を降りました。計画とは違います。

そうです。空港までのバスが現金のみでした。伊予鉄道ICい～カードというローカルICカードはあるのですが、購入はもちろん現金のみです。地元のいよてつ髙島屋ローズカード（JCB）を作れば、オートチャージできるようですが、今更間に合いません。愛媛を出る直前に敗北です。

134日目5月14日　市内から松山空港へのバス　1敗

……日本での3敗目です。

失意を胸に愛媛の空港から東京へ飛びました。

教訓と課題

四国はまだまだ現金社会でした。山で分断されているので、各地でそれぞれ交通会社が存在し、独自の交通系ICカードを作っています。スーパーでも独自の電子マネーを作っているところすら存在しました。ただ、ずっと住むとすれば、地元のクレジットカードでオートチャージ可能となり、キャッシュレス化できそうです。

上杉謙信《うえすぎけんしん》の墓参り

大阪出張、途中に金沢《かなざわ》を挟むというテクニック

栃木県で講演の依頼がありました。東北新幹線で向かうことになるわけですが、こういう仕事のご依頼があったときに、ついでに観光を計画しています。今回は、その先の福島駅を通り過ぎ、山形県の米沢《よねざわ》まで朝イチの新幹線で向かいました。ＪＲの切符は距離が遠くなると、遠距離になって安くなり途中下車もできるのです。

実は、２日前の名古屋の出張のときに山形までの乗車券を買っていました。名古屋から山形までは７２５キロですので、乗車券の有効期限は４日間です。ですので、東京では途中下車していました。で、有効期限のうちに、山形へ朝イチから移動しています。夜の栃木での講演までに観光する計画でしたから。

名古屋から東京までの乗車料金は６３８０円
東京から那須塩原《なすしおばら》までの乗車料金は２６４０円

那須塩原から米沢までの乗車料金は2640円

バラバラに買うと、この合計の11660円なのですが、名古屋から米沢まで一気に買うと、8580円で4日間有効なのです。

このJRの長距離切符の法則を知ってから、出張と出張をうまく利用して変則的な旅程を組むように工夫しています。これだけで本が書けるくらいさまざまな技を駆使しています。

一番お得かつ便利に使えるのは、東京から大阪の出張があるときに、金沢を経由していくルーティングです。これを使うと、大阪出張のときに金沢で美味《うま》いお寿司が食べられて観光もできるのに、交通費は東京大阪の単純往復とほとんど変わりません。

今回の目的は、米沢にある日本続100名城の米沢城観光です。もう一つ行ってみたかった場所が、上杉家廟所《びょうしょ》でした。歴代の上杉家の墓が祀《まつ》られています。戦国時代の猛者《もさ》であった上杉謙信も、その子孫は時代の波に翻弄《ほんろう》され、山形へ転封《てんぽう》されてしまいます。江戸時代は商業化が進んで、武家社会は貧窮しました。

米沢の地で生まれた九代藩主上杉鷹山《ようざん》は藩の財政を立て直したことで有名ですが、鷹山の墓もここにあります。ちなみに、鷹山の墓は歴々の祖先の墓より質素な造りで建造されていました。

江戸時代までは、税金を年貢《ねんぐ》という形の米で集めました。通貨代わりに米が使われていた時代は良かったのですが、商品経済が発達して、実際に使うためには、米を貨幣に変える必要があります。米がたくさん取れると、米の相場が下がりますから、米の価値も変動してしまうのです。不作になると税金は取れません。そこで商人から借金をして武士たちは生活をすることになるのです。金貨や銀貨を作るのにもお金がかかりますから、各藩では、藩札と呼ばれる独自の紙幣を発行します。武士の信用、藩の信用で発行されている藩札が江戸時代はたくさん存在したのです。そういう状況はよくありませんから、江戸時代の名君はこの立て直しをしたのです。暴れん坊将軍として有名な徳川吉宗《とくがわよしむね》もその一人です。

信長のように商人から軍用金としての矢銭《やせん》、冥加金《みようが》といった売上税的な仕組みでお金を取るようにすれば、武家社会も貧窮しなかったのでしょう。しかし、江戸幕府の仕組みは米と農民を主体としてしまったために、各地で貧乏武士が増えることになったのです。

上杉家の墓参りに行くと予想通り、入場料は現金のみでした。維持費もかかるので入場料がかかるのは仕方がありません。現金を払い、敗北です。現在は米で払うことはできませんから、米沢と言えども。

142日目　5月22日　山形県上杉謙信公の墓参り　1敗

UBERは地方でこそ効果的なのだが……

累計4敗目。こういう場所に行かなければ負けはしないのですが、観光地はもっとキャッシュレス化をするべきだろうと思います。このままでは進みそうな気配はありません。お土産物屋さんでも現金のみなので、買うこともできず、そのまま、山形をあとにし、さらに福島の郡山《こおりやま》の続日本100名城の三春《みはる》城を経て、那須塩原まで向かい、夜の講演を行いました。

那須塩原からのタクシーは現金のみだとさらに負けてしまうので、事前にクレジットカード決済できるタクシーを調べておきましたので、セーフです。地方のタクシーはまだまだ現金のみというところも多いのです。タクシー運転手の高齢化も進んでいるので、新しいシステムを入れるのに抵抗があるのでしょう。ただ、このままだと交通手段は特に地方ではなくなるという問題が生じます。

UBER（ウーバー）のような副業でついでに運転手もやることができるという仕

組みは、今後のドライバーの高齢化が進んでいる地方では有効だと感じますが、日本では現状ウーバーの仕組みは許可されていません。

昼間は工場で働いているサラリーマンが仕事帰りにウーバーの運転手として仕事をしつつ帰宅する。あるいは、主婦の方が日中の時間だけウーバーの運転手として近場で働けば、病院への通院に利用できるお年寄りも便利なはずです。現状は地方ではバスなどの公共機関は減り、残されたタクシーも台数も減り、高齢化も進んでいます。

現代にも鷹山公が現れて改革してくれることを期待したいところです。

教訓と課題

地方ではまだまだ現金のみ。特に観光施設。東北の山形、福島ではキャッシュレス化の波はまだまだ遠い印象でした。

日銀の産地の離島・北木島《きたぎ》へ

フェリーは現金のみ。連敗承知で出発!

先に告白すると、3連敗が確定すると分かっていたのに挑みました。

電気自動車の旅で、ボランティアドライバーの方に新神戸《しんこうべ》から岡山の笠岡市《かさおか》まで送ってもらいました。翌日、広島のドライバーの方が岡山まで迎えに来てくれるのですが、笠岡という街は全く見るところがなさそうです。

ふと思い出したのが、ここの近くに日本の高級な石をほとんど産出したと言われる北木島があることでした。大阪城の石垣もこの北木島から加藤清正《かとうきよまさ》や藤堂高虎《とうどうたかとら》といった名だたる武将が運んだと言われています。日銀の本店、東京駅も、ここから産出された石でできていると言われています。

どうしても行ってみたくなり、フェリー乗り場に行くと、今からであれば最終のフェリーには間に合いそうです。ただ、フェリーは現金のみ。往復チケットが買えるのかと聞くと、片道しか売っていないので、帰りの切符は北木島で買ってくれと言われます。つまりは行く時点で、２敗確定。

宿を調べると、北木島には一軒しかありません。ネット予約はできません。電話をすると、部屋の空きはあるので泊まることはできるけど、急な予約なので、ご飯が充分に準備できないと言われます。「それは良いんですけど、お支払いは？」……現金のみです、と。３敗確定を覚悟で、北木島に行くことにしました。

ただ、１９０日も現金をほとんど使っていないと財布の中には３０００円しかありません。フェリーのお金は払えますが、宿泊費の現金がありません。キャッシュカードももう持参しない状態になっていました。お金を何カ月もおろしてないわけですから。ラッキーなことに、岡山はＪＲ西日本の管轄でした。ＪＲ西日本は、セブンイレブンと提携して駅ナカのキオスクがセブンイレブンになっているのです。ちなみにＪＲ九州の提携先はファミマで、違うのです。

コンビニエンスストアは、キャッシュレスと同じく戦国時代でした。たくさんのチェーン店が生まれ、提携や合併などを繰り返し、最終的に現在の王者セブンイレブンに対して、ファミマ、ローソンなどと数えるほどになりました。出店する場所も出尽くしてしまい、最終的に駅の中まで出店するようになったのです。キャッシュレスも現在は乱立していますが、最終的には同じように収束するはずです。

セブンイレブンのＡＴＭさえあれば、スマホを使ってじぶん銀行の口座から現金を引き出せます。キャッシュカードは必要ありません。

フェリー乗り場から笠岡駅まで歩いて、セブン銀行のＡＴＭを発見しました。スマホで取引を選んで、じぶん銀行のアプリで表示されたＱＲコードを読み込ませ、暗証番号を入力し、２万円引き出せました。キャッシュカードが必要ないので、スマホさえあれば大丈夫なのです。助かりました。

２万３０００円持って、北木島に渡ります。

採掘跡が美しい池に

フェリー乗り場は現金のみで、往復が買えません。１敗。５２０円です。久々に手にするお釣りの４８０円がずっしり重い。久々の小銭とともに、北木島にフェリーで約１時間の船旅です。

北木島の周辺には高《たか》島、白石《しらいし》島、真鍋《まなべ》島、飛《ひ》島、六《む》島などの島が点在しています。良質な花崗岩《かこうがん》を今もなお採掘しているのは、北木島だけになっています。

北木島に到着すると、降りるのは住民だけ。観光に行く人は私のようなマニアックな石オタク、歴史オタクだけでしょう。大阪城の石垣、靖国《やすくに》神社の大鳥居も、この北木島の石が使われています。のちに訪問することになる日本銀行本店の荘厳な建物、そして東京駅舎の石も北木島産です。

夕方で日も暮れてきましたので、宿に向かいます。途中、郵便局や小さなお店はありますが、すべて現金のみです。つまりはこれ以上何かを買うと、さらに負けてしまうため、禁欲しなければなりません。ちょっとした食べ物やお土産物も買えません。

当日の直前の予約でしたので、食事が充分に出せないよと言われましたが、瀬戸内海の海の幸や山の幸を堪能しました。翌日の支払いは、電話で聞いていた通り、現金でした。

石切場を見たいんだけど、どうするのが良いですかと相談すると、宿の主人が「時間が少しあるから、特別に案内してあげるよ」と。嬉しい提案です。おかげで、島中の石切場を見ることができました。

山の中腹で露出した花崗岩の岩場を見つけると、そこから四角に石を切り出していきます。どんどんと花崗岩が続く限り、下方に掘り進んで切り出します。ですから、山の一部が切り取られ、最後には地下にまで、花崗岩が産出する限り、掘り進んで行くのです。その山の地主が花崗岩を切り出す権利を持っているわけですが、底の見えないくらいの穴を見ると、土地の権利って、どこまでなんだろうと素朴な疑問が湧いてきました。

日本の法律によると、北木島では、掘れるだけは所有者の権利のようです。首都圏、近畿圏、中部圏では、大深度地下使用法により地表から40ｍか建物の支持基盤の最浅部より10ｍのどちらの深いほうと決められているので、東京では、この北木島の深さでの採掘はＮＧです。

私の眼前に広がる北木島の採掘坑は、かなり深い状態の穴です。実はここに雨水が溜まって、美しい池になるのです。石に囲まれた池で、土による濁りがなく、透き通っています。採掘跡の人工的な直線の四角い池が、島の中に点在していました。採掘中は、水が溜まらないように、ポンプで水を汲《く》み上げるので池にはなりませんが、採掘をやめてしまっている石切場跡が蒼《あお》く澄んだ深い池となるのです。

現役で残っている石切場は少なくなり、多くは廃業してしまっています。北木島産の良質な花崗岩は、高級な石としてさまざまな場所で使われてきました。この島から日本全国に出荷されていましたが、石より便利な建築資材が増えたため、採掘の頻度が減ってしまったわけです。

紙幣と電子マネーについても同じようになるだろうと予想されます。現在でも、ネットで決済する場合は、クレジットカードなどの課金手段を使って決済を行いますから、紙幣を使わない方法も増えています。ネットでの決済の場合は、紙幣をインターネット上に挿入することができませんから当然でしたが、実際に紙幣を使える場所でも紙幣以外の決済方法が増えています。北木島の石と紙幣の姿がだぶります。

一年中、あえて私が現金を使わない方法を模索している最中でも、現金以外の課金手段がどんどん増えてきました。QRコード決済、電子マネーなどの代替手段も増えてきました。ただ、岡山への戻りのフェリーは現金のみでした。

この石切場跡の北木島で記念すべき3連敗となりました。

190日目　7月9日　岡山の離島、北木島　3連敗（累計7敗目）

教訓と課題

北木島という日本を支えた建築資材の花崗岩の産地、観光地化されていない離島ではまだ現金が主流でした。

ネットでの消費活動はパソコンからスマホへ

メルカリの中に巨大な売上金が貯まった

メルカリやヤフーオークションのようなユーザー同士がモノを売買するプラットフォームが増えました。ここで問題になるのは、手数料です。一般のお店で、モノを買っているときにはお店や商社が店舗の家賃や決済手数料を払って商売がなされているわけで、私たち消費者はあまり意識していません。

ですが、自身がモノを売ることになると手数料について意識が生まれます。また、売れる場所なのかということも気になるでしょう。

PCでネットを見るのが一般的だった時代から、スマホでのアクセスが一般的に代わったことで、オークションのサイトはスマホで売り買いしやすいところに移ってきました。

メルカリが大きくなったのは、いち早くスマホに対応したからでした。自分が要らなくなったものをメルカリで販売すると、売上金がもらえます。メルカリの中にプールしておけば、現金化するときの手数料がかかりません。欲しいものが誰かから出品されるとそのプールしたお金を使って買うと手数料を無駄に支払うことなく、時間差で複数の人と物々交換しているようになるのです。

こうして、メルカリの中に巨額の売上金が貯まりました。それをリアルな店舗でも使えるようにしたのがメルペイでした。この流れは中国で大きくなったアリペイと同じ流れです。ですが、メルカリはペイペイとの競争を意識しすぎたためか、過度なキャッシュバックキャンペーンを行ってしまい、一気に赤字決算に陥り、市場での存在感を失いました。

逆にペイペイはペイペイフリマやペイペイモールなどスマホとペイペイでやりとりできる場所を作り勢いを増しています。

映画館でまさかの「引き分け」に

スマホでも決済し、リアルでも同じ手法で決済できるのが楽です。世の中はその方向に動いています。スマホで消費できるコンテンツも増えました。

例えば、雑誌や漫画は紙ベースの出荷は落ちていますが、電子書籍と呼ばれるデジタル版は毎年成長しています。

映画はDVDやブルーレイディスクでレンタルしていましたが、こちらもネット配信が増えました。おかげで、TSUTAYAに代表されるレンタルビデオと呼ばれる業態は苦戦しています。

一方、映画館ではTCXに代表されるスクリーンを巨大化した劇場やMX4Dのような座席が動いたり水が吹き出したりするアトラクション型が増えています。スマホで実現できない世界をリアルでは実現させているわけです。

年末にシュワルツェネッガーが帰ってきた「ターミネーター：ニュー・フェイト」をMX4Dで見に行ってきました。このチケットはTOHOシネマズのアプリを使ってアップルペイで買いました。予約と同時にアップルペイで買えば、顔認証だけで暗証番号などの入力も不要です。券売機に並ぶ必要もありません。

効率の悪い有人のチケット売り場は減っています。非効率なオペレーションは徐々に減っています。人手不足の世の中ではよりシンプルな対応が必要なのです。

ところが、MX4Dの映画館には手荷物を持って入れないことに気がつきました。座席が揺れるので、手荷物はコインロッカーに預けなければなりません。ですが、小銭がありません。

仕方がないので、レジに戻り、1000円札を両替してもらい、100円を入れて、荷物を預けました。

映画を見たあとに、その１００円は返却されたのですが、手元には行き場の無い１００円玉が10枚残りました。

３１９日目　ＴＯＨＯシネマズ４Ｄ映画館でのコインロッカー　１分け

現金は払っていないけれど、使ったので、引き分けとします。

動画配信も増えるが、リアルな場も増える

いろいろなコンテンツがスマホシフト、デジタルシフトしていきます。と同時にそのスマホを触っている人間はリアルの世界で生きています。

音楽の業界のデジタルシフトはＣＤやＤＶＤが減り、音源のネット配信、ユーチューブでの動画配信が増えています。それと同時に、ライブというリアルな場も増えているところが現代風で面白い。私の世代のアイドルの森高千里《もりたかちさと》がユーチューブで自分の過去の楽曲をセルフカバーして配信しました。その結果、またテレビ番組に戻ってきました。

人気のユーチューバーがテレビ番組やテレビCMに出るようになりました。テレビで視聴率の高い番組は、ツイッターなどで話題になる番組が増えてきました。リアルタイムでつぶやく人が出るわけです。

そのテレビはTVerなどのアプリを使えば、あとから視聴することもできます。テレビ局が無料で流していた番組をオンデマンド配信では有料で課金しています。今後もこの流れは続きます。その媒介になるのはスマホやネット上で簡単に使えるお金なのです。紙の紙幣ではないのです。

教訓と課題

さまざまなモノやサービス、コンテンツがネットで消費されるようになりました。PCベースからスマホベースへの移行も激しく、プラットフォーマーも変化しています。この流れはますます加速します。

同時に求められるのは、ネット上で気軽に安全に簡単に決済できるお金です。ですから、キャッシュレスはさらに進行するのです。

1日に2敗した日

医療機関は「現金のみ」が多い

1年間やってみたキャッシュレス生活。2019年もあと数日となり、逃げ切れると思っていたところ、年末になって、同日に2敗しました。

自宅の近所の医者でした。風邪気味なので、出張前に薬を処方してもらって、早期対応しようと考えたのですが、案の定、敗北しました。

医療費は金額が国の基準で定められています。そのため、クレジットカードの決済をすると、手数料分は損をしています。そのことを気にする医療機関だと現金のみしか決済手段がありません。

というわけで、353日目　東京の自宅の近所の医者　1敗（16敗目）

手数料を上乗せして請求すればよいのでは、と思う方がいらっしゃるかもしれませんが、クレジットカードの規約により、手数料を上乗せした金額を請求してはいけないというルールがあります。たまに、飲食店などで上乗せ請求するところがありますが、これはバレるとマズイ。規約違反行為なのです。

そのため、小さな医療機関では、キャッシュレス対応が遅れています。医療機関も人手不足ですから、本来ならばキャッシュレス対応して、もっと業務効率を上げたほうがいいはずなのです。電子カルテになっているのであれば、そのシステムから自動的に支払いまでやってしまえば効率的です。今はできていませんが、10年以内にそういう仕組になるはずです。

そのあと、講演のため、新潟の越後《えちご》湯沢《ゆざわ》に行きました。12月の新潟は寒そう。念のために病院で風邪薬を処方してもらったわけです。仕事は、新幹線の停まる越後湯沢駅の近くのホテルで合宿研修している会場で、講演する仕事でした。

タクシーでキャッシュレスができるか否か、でわかること

駅で1台だけ待っているタクシーに乗ると、６９０円の乗車料金は現金のみでした。ディディも対応していませんし、ＪＡＰＡＮＴＡＸＩの配車アプリでもタクシーを呼ぶことができませんでした。対象外の地域なのです。

DiDi（ディディ）◉中国版UBER。中国では白タクの配車アプリですが、日本法人はソフトバンクとの合弁で既存のタクシー会社を配車するアプリとなっています。支払いは事前登録したクレジットカードでもPayPayでもOK。

新幹線の停車駅ですから、タクシー利用者もいるでしょうが、日本人観光客がメインだということがわかります。

ディディの使える地域の広がりは中国人の観光客が行く場所がメインですから、新潟の越後湯沢は中国人観光客が来ていないと認識されているエリアだとわかります。

ただ、実際には観光客は、日本人より中国人のほうが多く、タクシーは、ニーズに対応できていないことが分かります。

日本人であれば、旅行や出張へ現金はいくらか持って行くでしょうから問題ないのでしょう。私の場合は財布に3000円しか入っていなかったので、講演後のタクシーを現金で支払うと、1000円札1枚で、新潟から東京まで帰らねばなりません。

最初のころは不安でしたが、新幹線の駅周辺のお店では交通系ICカードも使えますし、長距離の電車のチケット予約ならクレジットカードも使えるだろうと予想できますので、今では1000円でも不安はありません。

帰りはホテルの無料送迎バスに乗ることができたので、負けずに済みました。これで2019年の最後の負けが確定しました。

353日目　新潟の温泉地、越後湯沢のタクシー　1敗（17敗目）

教訓と課題

地方では中国人観光客が増えている場所でもまだ、その決済ニーズに対応できていません。非常にもったいないです。現金のみしか対応していないと手持ちの現金がなければ欲しいものがあっても、買うことを断念することになりますから機会損失なのです。せっかく誘致した観光客を逃してしまっています。現金を現地通貨に両替して使うという現金を使った導線は古いし、非効率です。

第2章

「現金使わない生活」は止まらない

新札導入によって「日本のキャッシュレス化」は秒読みに

2024年から新札に

2024年に紙幣を刷新すると発表されました。渋沢栄一《しぶさわえいいち》、津田梅子《つだうめこ》、北里柴三郎《きたざとしばさぶろう》の3人の偉人の肖像が使われます。

その発表は2019年の4月9日でした。わざわざ5年も前に発表するのはどうしてでしょう。

理由としては、平成から令和への改元との相乗効果を狙うと言われていましたが、政治の世界には、いろいろな思惑があるのでしょう。

ただ、この発表で私が確信したことは、日本のキャッシュレス戦国時代は2024年までに完了するということでした。

新札が出るタイミングで、紙幣が使いづらくなります。

新札が発行されることで、紙幣の世界が終焉《しゅうえん》に向かうのは矛盾していますね。

新紙幣◉2024年上期を目処に刷新すると発表された。紙幣の刷新は20年ぶり。前回は偽造紙幣の事件対応のためだと言われています。紙幣3種と500円硬貨が刷新されるため、読み取り機器などシステムの改修需要が見込まれています。

ご説明したいと思います。

2024年には新札に対応した自動販売機、券売機、ATMなどの改修が必要となります。つまり、コストがかかります。政府が新札に切り替えると決めた以上、新札は使えませんとは言えませんから、この投資を抑えるために、ATMの台数や駅の券売機は台数を減らすはずです。

つまり、新札を発行することが紙幣の使い勝手、利便性を悪くします。キャッシュレス化へ向かうタイムリミットが2024年だと考えられます。

単に新札だけを読み取るだけではありません。機械やシステムを更新するわけですから、より収益をあげることや効率をあげるために電子マネーやQRコード決済などの他の決済方法へ対応した券売機になるでしょう。

現金は使えない自販機が増える

ここで費用対効果を考えて、現金ではない決済手段しか持たない券売機なども増えるでしょう。つまり、現金が使えない機器が増えるはずです。

紙幣を読み取る高度な機械よりQRコードを読み取るカメラをつけた機器のほうが安価に作れますし、タッチ決済などのクレジットカードや電子マネーに対応させる機器のほうが物理的な可動部が減る分、故障も少なくなります。

スイカが導入される前の紙の切符の券売機のときには、改札で駅員さんが詰まった切符を取り出すために機械を開けていた姿をよく見ましたが、最近はめっきり減りました。これがキャッシュレスの効果です。

500円硬貨も新しくなります。1円から100円までは同じですが、500円だけ新しい硬貨になります。これで、硬貨を使う機械も更新しなければなりません。素材や重さが変わっていますし、旧500円硬貨も併用されますので、2種類の硬貨に対応する機械が必要です。

東京では、JR構内にあるコインロッカーは電子マネーのスイカが鍵の代わりにもなり、支払い手段も兼ねています。コインロッカーのような硬貨を使う機械は、新硬貨に対応するよりも、キャッシュレス化した機械に変更したほうがコストも下がって、効率も上がります。

日本の社会はどんどん人手不足になっています。ですから、券売機に現金を補充する、現金を取り出すという仕事も減らしたほうが良い。ガードマンが2人以上で現金を運ぶ姿を時々見ますが、キャッシュレス化すれば、こういう仕事は必要なくなります。少なくとも、頻度は減るはずです。

コインロッカー程度の集金額であれば、一人で回収作業をすると思いますが、そのためにかかる人件費はバカになりません。

そもそもコインロッカーは自動販売機と違って商品の補充は必要ありません。無人でできるビジネスなのですが、現金という決済手段しかなかったので、コインロッカーだったのです。コインロッカーはどんどん減ってICカードロッカーに変わるでしょう。

新札や新硬貨を発行しなければ、現状の機械をそのまま使い続けることもできたわけですが、2024年という切り替えが行われることで、それもできなくなったわけです。

日本のキャッシュレス化は秒読み段階になりました。

教訓と課題

新紙幣、新硬貨の発行の2024年のタイミングで、現金を取り扱えるATM、自動販売機、券売機などが更新されます。費用対効果を考慮しつつ、さまざまな機器が切り替わって、日本のキャッシュレス化は完了するでしょう。

イオングループの電子マネーWAONのかなりお得な使い方

イオンカードからチャージ！　がポイント

イオンの大型スーパーが近所にないこともあり、イオングループの電子マネーWAON（ワオン）は使っていませんでした。

しかし、豊川稲荷の近くのサービスエリアで使えたりしていたことを考えると対策をしておいたほうが良い気がして、キャッシュレス生活を始めた2019年年始にイオンカードVISAを作ることにしました。入会金も年会費も無料です。

流通系のクレジットカードは、そのチェーンでは優遇措置があります。ただ、そのチェーンを使わないと、普通のクレジットカードですから、今までは作る予定もなかったのです。今回の目的は、ワオンという電子マネー。イオンカードからだと、オートチャージすることができます。

このイオンカードを作ることで、「現金使わない生活」の私のルールに合う現金チ

WAON◉白い犬がマスコットキャラクター。決済音がワオンなのは、この犬の鳴き声らしい。イオングループの近隣では使えることが多い流通系の電子マネー。ご当地WAONがたくさん存在するのも特徴。

ャージを必要としない電子マネーワオンが手に入ります。

私は仕組みフェチなので、技術的な中身も気になるのです。クレジットカードが使えない場所でも電子マネーを使うことができるのは、電子マネーの残高はカード自体に記録されているからです。

そのため、通信環境の整っていない僻地《へきち》のバスでも、タクシーの中でも交通系ICカードを問題なく決済できるわけです。と同時に、決済の認証を必要としませんから、処理も速いのです。カードの中身の残高から差し引いているだけですから。

クレジットカードが繋がっている決済端末の通信速度が遅いからと言って、レジ前で待たされた経験はありませんか？　あれは通信しているから遅くなるわけで、電子マネーだとその心配はありません。

イオンではイオンのクレジットカードを使うより、電子マネーのワオンを使ったほうが、お得になっています。

ワオンを200円使うと1ポイント（＝1円）貯まります。つまり0・5％がキャッシュバックされています。イオンの店舗だとこれが2ポイント貯まるように優遇されるので、1％キャッシュバックです。さらにクレジットカードでワオンにチャージすると0・5％ポイントが貯まります。

まとめると、イオンカードを使ってチャージしたワオンをイオンで使うと1・5％自動的にポイントが貯まるということなのです。

チャージして使ったら、還元率が高くなるのです。同じ原資なのに不思議ですが、セブングループの電子マネーナナコも同様の還元率アップになっています。

使わない手はありません。

疑問も残ります。なぜ、電子マネーを経由させるだけで、イオンは還元率を上げるのか……。

単純に考えると、自社経済圏への囲い込みです。人間いろいろ変えるのは面倒くさいので、スイカとワオンとナナコと楽天エディの4種類の電子マネーが使える店があれば、使うのは、普段使っている電子マネーになるはずです。

早速イオンカードとワオンのオートチャージを設定しました。

オートチャージの設定は、なぜか、店頭の端末でないとできません。セキュリティなどの観点なのか、システム開発の会社の都合なのか、面倒ですが、仕方がないので、イオンのお店の中にあるイオン銀行のATMを使って設定しました。

さらにお得なオーナーズカード

これで、イオン系列の電子マネーワオンも自由に使えるようになりました。

この仕組を調べている最中に、イオンオーナーズカードの存在を知りました。

イオンの株主になるともらえるのが、オーナーズカードです。私は、100株の株主になってみました。株式なので相場は動きますが、仮に1株2000円とすると20万円でイオンのオーナー気分が味わえます。イオンが倒産すれば0円になってしまいますが、イオンで買い物をしていたら、そうなる前に兆候に気がつきますよね。

株主になるとイオンの買い物のときにオーナーズカードを見せるだけで、自動的に3%還元されます。半年分の還元金額の合計がまとめて、4月と10月に戻ってくるのです。

キャッシュレスにすれば、ワオンの還元と合わせて4・5%が、なんにもしないで、戻ってくる。今までなにも考えずに現金で買い物していて本当に損したなぁと思った次第です。

オーナーズカードは物理的なカードです。ワオンもカードが必要です。2枚カードを持ち歩くのはちょっと面倒なので、これらはアプリ化してほしいところです。

イオンオーナーズカード◉イオンの株主になると取得できる、イオン利用者には超お得なカード。イオン店舗にあるラウンジが無料で使えたり、イオンシネマが割引料金で鑑賞できます。持ち株数によって還元率（3～7%）は変わります。

最後に失敗談をひとつご紹介します。慌ててイオンカードを作って損をしたことに、あとから気が付きました。

イオンカードを新規で作った人には、イオンカードを使った決済がどこであれ、20％還元しますという大盤振る舞いのキャンペーンがなされたのです（2019年7月1日〜9月30日の期間）。キャッシュバックの上限は10万円でした。50万円分を決済したら、10万円キャッシュバックされるわけです。

一回の上限が1万円と決まっていたので、家電のようなものを買う場合は、7万円のモノを買っても1万4000円となるわけではなく、1万円還元が最大ですが、とにかく、こういうキャンペーンが多すぎて、感覚が麻痺《まひ》するようになったのが実は、2018年のペイペイの還元キャンペーンからなのでした。

とはいいつつ、いまだに、このイオンカードを作るのを早まったことを後悔しているのですが……。

このとき以来、新しくカードを作るときにはキャンペーンのタイミングにできるだけ合わせるということを心がけるようになりました。

教訓と課題

イオンが近くにある人は、イオンカードを作って、電子マネーワオンをオートチャージして使うと、お得です。1・5％還元。さらに資金に余裕があれば、株主になると4・5％還元に。ただ、カード入会はキャンペーンのタイミングで入らないともったいないことに。

PayPayが優遇するヤフーカード

ヤフーカードでPayPayボーナスが付く

ペイペイを使うのに便利なのがヤフーカード。イオンがイオンカードを作らせるように、ヤフー系列のペイペイはヤフーカードを優遇しています。ですから、銀行口座からチャージしていたのをやめて、ヤフーカードからチャージするようにします。

カードが増えるのはいかがなものかと思いますが、普段は持ち歩くことはしないで、自宅のカードホルダーに入れっぱなしです。ペイペイにチャージするときはスマホだけでできてしまいますから、プラスチックのカード自体は必要ないわけです。ですがいまのところ、カードは作る必要があるのです。

ヤフーカードは、普通のクレジットカードです。ただ、ソフトバンクがＴＳＵＴＡＹＡのＴポイント陣営と仲が良かったときに生まれたクレジットカードなので、ヤフーカードを使うとＴポイントが貯まりました。１％還元です。通常のクレジットカードは０・５％が基本ですから、還元率は良いほうです。

PayPay（ペイペイ）◉ネーミングが秀逸。○○Payが乱立する中、Payを２重に使うことで記憶にも残ります。後発ながら、大幅還元キャンペーンで認知度を上げることに成功。同時に、全国で使える店（PayPay加盟店）を増やす地道な活動もしているのが良い。

ペイペイが生まれる前から存在していたカードなので、現在は還元されているTポイントは、おそらく今後ペイペイボーナスなどの形に変更されると予想されます。

ヤフーTカードでペイペイにチャージをすると、ペイペイボーナスというペイペイの支払いに当てることができるポイントが1・5％貯まります。

いつのまにか、Tポイントではなく、ペイペイボーナスというペイペイ陣営のポイントに切り替わっています。

今までは、ポイントや電子マネーを持っていなかったヤフーですが、ペイペイという自社ブランドを持つようになったので、Tポイントからヤフーの離脱が始まっているのです。

大量のポイントには理由がある

とにかくペイペイをお得に使おうとすると、ヤフーカードを持っているほうがキャッシュバック金額なども優遇するという企画が多いものですから、この機会に作ってしまいました。

そうすると、多額の期間限定のTポイントがもらえるのですが、その期間限定のTポイントの使い先が限定されていて困りました。ヤフー系のサービスでないと使えないのです。

例えば、ヤフーオークションです。

で、久々にヤフーオークションにログインして、ANAの株主優待券を買いました。ちょっと胡散《うさん》臭い業者さんだったので、株主優待券番号を通知するだけという対応でしたが、なかなか番号を教えてもらえず、空港で何度も督促して、飛行機に乗る30分前に航空券を買うことができました。

今だとネットで番号を入れるだけだったりするので、株主優待券という「券」は必要のない時代なんだなぁと思いつつ、信用のないところで情報だけをやりとりするのはちょっと怖い気もしました。

オークションであれば、評価などもありますけど。久々だったので、チェックも甘かったんですよね。あとから読むと変な評価がついてましたので。

ともかく、期間限定のTポイントはヤフオクを経由して入手した株主優待券の番号に変わり、それが、航空券の一部の代金に充当され、残りをクレジットカードで支払うことで、Tポイントを活用して出張先から帰って来ました。

ヤフーTカード。作るのも無料、年会費も無料なのに、なぜかポイントがバンバン付く理由は、入ったときに、自社のサービスを回避させるためだと実感しつつ、1万

Tポイント◉ TSUTAYAが始めた業種横断型のポイントサービス。購買時にTポイントカードを提示することでポイントがもらえます。その購買情報などの個人情報を第三者提供することを発表して、2014年に賛否両論で話題となりました。

円近く還元された大盤振る舞いには感謝しかありません。

教訓と課題

期間限定のポイントは自社誘導するために発行されます。使える範囲をチェックしておかないと単純にお得ではなく、必要でないものを無駄遣いするかもしれないので、注意。オークションなどは通常の買い物と違うから、期間限定ギリギリで対応するのは避けよう。即落札で対応するとか書いていたとしても。ヤフーカードを手に入れると、ペイペイは自由自在に使えるようになりました。

実は老舗で堅実なOrigamiPay

最初は苦い思い出が……

ＱＲコード決済で、昔からあったサービスがOrigamiPay（オリガミペイ）です。しかし、私は、ほとんど使っていませんでした。たまにキャンペーンがあるときだけ利用する程度。

たしかケンタッキーでオリガミペイで支払うと半額というのにつられて、カーネルサンダースおじさんに会いにいった気がします。ただ、このときのケンタッキーの店頭では、レジとは別のタブレットのシステムが使われていて、オリガミペイのシステムに入れないから決済できないという始末。

最悪です。袋に入った状態で、キャンセルするのも申し訳ないし、もう私の身体はチキンを食べるモードに入っていますから、スイカで支払いました。定価です。

悔しいから、同じようなキャンペーンが吉野家であったときにもトライしましたが、そのときも店舗の通信状況が悪くてシステムエラーで支払えず、たしか、Tポイ

OrigamiPay◉幅広い業種と提携を結びプラットフォームを拡大しているのが、OrigamiPay。クレジットカードからの引き落とし、銀行口座からの引き落としに柔軟に対応しています。トヨタ自動車のTOYOTA Walletともいち早く提携しました。

ントで支払った記憶があります。

最初はレジと連動するようなものではなく、支給されている端末が貧弱だった気がします。最近は全く問題なさそうですが、そういう最初の経験をしているので、オリガミペイ大丈夫か？　という不安感で見ていました。しかし、実のところ、堅調にオリガミペイが使える店は増えています。キャンペーンも地味なものが多いのですが、着々と加盟店と提携先を増やしています。

２０１２年からできているサービスなのに、システムの不安定さを何度も体感していたので、オリガミペイは残るかどうかとウォッチしていたんですけど、origami は銀行のシステムと直結する形なのです。つまり、オリガミペイはデビットカードのQRコード版のような形で使われるのです。

私の場合だと、最初はじぶん銀行で、次に、イオン銀行に紐付けましたが、全国の小さな銀行、つまり地銀や信用金庫と相次いで提携しています。システム開発に多額の投資ができない銀行でもこの仕組であれば、最新の決済方法に対応できるのでしょう。それに他銀行が導入しているから、横並びで提携しやすいのかもしれません。

というわけで、地道に提携をして使用範囲を広げているので、最終的にこの資産を

デビットカード◉銀行口座から即時引き落としをする方式のカード。店舗で使用すると、銀行口座の残額が減り即時決済されます。クレジットカードを持てない15歳以上の子供や学生でもデビットカードであれば発行可能。

もって、どこかに売却されるとしても、サービス自体はなくならないだろうと予想できます。トヨタ自動車のTOYOTA Walletとも提携しました。

デビットカードのような仕組みなので、Origamiポイントというものもありません。事前にチャージしておくことも必要なく、即座に銀行口座から金額が落ちるだけ。半額クーポンの場合も購入時の金額が半額になり、あとからポイント還元という煩《わずら》わしさもないのも魅力の一つです。

自分の周りのお店のキャンペーンが出たタイミングで、そのときだけ使うというのがお得な使い方でしょう。銀行口座と決済手段を繋ぐのでネットバンキングに対応できていないとオリガミペイでの事前手続きは煩雑になります。よりお得な手段を求める人だけオリガミペイをたまに使うというのが正解なんだろうと思います。

教訓と課題

デビットカードのような使用方法のQRコード決済の老舗のOrigamiPay。半額など極端なキャンペーンもあるけれど、店舗限定などの販促チラシ的なキャンペーンなので、自分の使う店がキャンペーンの対象になっていれば導入すればよいだろう。

dカードは最強である

使わず嫌いだったd払い

私はauユーザーでしたので、ドコモのd払いやdマガジンは、他人事《ひとごと》のように思っていました。よくよく調べてみると、ドコモのユーザーでなくても、dマガジンに加入できますし、d払いもスマホに設定できるのですが、自分が契約している他のキャリアを使うメリットが感じられず、傍観していました。

ですが、ここで参戦ということで、dカードVISAというドコモが発行するクレジットカードを作ってみることにしました。入会金も年会費も無料でした。

無料で作れるカードなのに、dポイントが1%還元されます。普通のクレジットカードは0・5%還元ですから、作らないと損です。特に、コンビニのローソングループ（ローソンやローソン100、ナチュラルローソンなど）で使うと、カードの支払い時に3%還元されます。

買ったときのレシートには、商品代金＋税で記載がありますが、カード明細で3%

d払い◉ドコモの携帯料金と一緒にまとめて払うからd払いという名称になりました。ただ、ドコモ利用者以外でもdカードを作ると使えます。あと払いとか先払いからの派生のネーミングですが、私はいまだに違和感があります。

戻ります。

ドコモユーザーならば、さらにお得な特典もあります。もしこのカードを作っていないならば、ホントに損します。ａｕユーザーの私ですら、かなりお得なのですから。

ｄカードは２種類のタッチ機能がある

新しいｄカードはドコモの無線規格のｉＤとＶＩＳＡの無線規格のビザタッチの両方が使えるようになっている点も特徴です。

実は海外ではカードをスライドさせて使う磁気カードを使う店は減っており、さらにカードを差し込んでＩＣチップを読み込んで４桁の暗証番号を入れるということもできないお店が増えています。ＶＩＳＡタッチでクレジットカードをタッチするだけで済むのです。おそらく日本と違って、カードを他人に預けるという行為にはセキュリティ上の危険があるわけです。

日本だと悪い人はいない前提の性善説で、カードを預けてしまいますが、海外だと状況が異なります。

で、急速に、ＶＩＳＡやマスターカードのコンタクトレスというタッチ決済が急増しているのです。私がdカードVISAを作った時点では、国内ではビザタッチが使える店が少なかったですが、海外に行くことを想定してdカードVISAを作成しておいたのです。

日本国内はドコモとJCBがタッグを組んで作った無線規格のiDが普及しています。ローソンなどの国内の店では、iDを使ったタッチ決済になります。

実は、iDのタッチ決済ができるお店は多いのです。2005年からスタートして、地道に加盟店を増やしてきました。iDは、ソニーの開発したフェリカを使っています。フェリカを内蔵したスイカなどの交通系ICカード、流通系のナナコ、ワオン、楽天エディ、クイックペイがすべて読み取れるマルチリーダー決済機が生まれ、それが普及しているおかげで日本国内ではタッチ決済できるお店が多いのです。

日本ではiDとしてタッチ決済ができ、海外では、VISAやマスターカードのタッチ決済ができるdカードは、キャッシュレス時代の時流に合っています。

d払いの勢いがすごい

d払いというQRコード決済っぽくない名前のアプリがあります。QRやバーコードをスマホの画面に出して使うので、通常のQRコード決済アプリと使い勝手は変わ

dカード◉アップルが何にでもiを付けたので、一文字を頭につけてブランドを統一する手法が流行りました。dカード、d払い、dマガジンなども同じ。ただ、私はワンピース好きなので、Dと付くと別のものをついつい連想してしまいます。

りません。最初は勢いがなかったですが、２０１９年中盤ごろからのキャンペーン攻勢がすごい。ソフトバンク陣営のペイペイが一気にシェアを伸ばしていますから、焦りもあるのでしょう。

スマホに決済サービスをたくさん入れても、重さが増えるわけではありません。邪魔にはならないので、ｄ払いは入れつつ、お得なときだけ使えば良いでしょう。アプリであれば、ポイントカードを忘れるということもなく、ポイントをもらい損ねることも防げます。

教訓と課題

ドコモユーザーならば、無料のｄカード、作らないと損。

日本ではｉＤとしてタッチ決済ができ、海外では、ＶＩＳＡやマスターカードのタッチ決済ができるｄカードは実は最強のカードです。

ｄ払いはお得なキャンペーンを有効活用して、アプリでｄポイントを貯めるようにしてポイント加算の機会を逃さないで。

意外に便利なａｕじぶん銀行

ａｕが切り開いたスマホ銀行

２０１９年４月ソフトバンク、ドコモに続いて、ａｕもスマホ決済に参戦しました。ａｕＰａｙです。スマホ決済では先行していたａｕは、ＱＲコードでは出遅れました。残念ながら、先行する２社に完全に引き離されてしまいました。

ａｕユーザーの私としては残念なのですが、ａｕじぶん銀行やauWalletというａｕが切り開いてきたスマホ銀行、スマホと連動したクレジットカードという手札を活かし切ることがなかったようです。

余談になりますが、神社のお賽銭対策が見つかりました。神社は宗教法人として郵貯や銀行口座を持ちます。社務所で振込口座を聞き、お賽銭として振り込めばキャッシュレスです。その振込をするのは、ａｕじぶん銀行のアプリからでした。スマホでサクッと振り込むのには、とても便利なサービスが、ａｕじぶん銀行です。お金の入出金履歴もチャットのタイムラインのようなデザインで表示されます。ａｕ以外のユーザーでも便利なスマホ専用銀行です。

三菱ＵＦＪ銀行とＫＤＤＩが共同出資で作ったスマホ銀行なので、三菱ＵＦＪ銀行のＡＴＭでの入出金は手数料無料と優遇されています。そもそも現金を使わない生活をしているので、ＡＴＭで入出金する必要はなさそうなのですが、割り勘のお金を受け取ったりするときには、友人から現金を預かることになります。お店への支払いは私がそのときに最適なキャッシュレスな手段でするのです。すると、定期的に、三菱ＵＦＪ銀行のＡＴＭで入金だけをする必要があるわけです。

会員ランクは「じぶんプラス３」以上に

セブンイレブンなどのコンビニＡＴＭや郵便局のＡＴＭでも入出金できます。会員ランクに応じて、手数料無料になる入出金の回数が変わってくるので、会員ランクを「じぶんプラス３」以上にしておくのがオススメです。

会員ランクを上げる方法はいくつかありますが、分かりやすいのは50万円以上をじぶん銀行の口座に預けておくことです。

コンビニでの入出金を24時間３６５日無料にしておけば、割り勘のお金を帰りのコンビニＡＴＭでサクッと入金しておけます。

現金を使う生活をしていたときは、手にした現金はいつか使うだろうと、入金をまめにしていませんでした。

現金を使わない生活が半年以上になると、財布に3000円くらい入っていれば、万が一のときにも払えるから現金を持っていなくても平気になっていき、むしろ数万円が財布に入っていると落ち着きません。以前は7万7000円が常に財布に入っていたわけですので、自分でも気持ちの変化に驚きます。

さて、auじぶん銀行はauブランドの強化のために、auがついていない「じぶん銀行」という名称から社名変更しました。社名変更は正式には2020年2月からですが、au以外のスマホでも口座は作成できます。

ドコモのdカードやd払いと同じく、自社名が冠に付くのは分かりやすい反面、逆に言うと、それ以外の携帯キャリアを使っている場合は関係ないとか使えないと思いがちです。少しもったいない気もしますが、社名をかけてもやりとげるという心意気も感じます。

プリペイド式クレジットカード、auWallet

auWalletというサービスは、プリペイド式のクレジットカードです。学生の人には便利でしょう。

私の場合は、じぶん銀行の口座からスマホでチャージして使います。スイカがクレジットカードになったイメージです。物理的なクレジットカードも発行してもらえるので、クレジットカードを発行できない人でも使えるのが便利でしたが、そうでない人にとっては、あまりオススメできません。私も持っていますけれど、普通のクレジットカードで決済はすませています。ａｕユーザーなのに利用しないことが多い。

ａｕペイと連動してＱＲコード決済もできますが、加盟店が少ない。ですから、ペイペイやd払いに比べると、使えないという印象です。

教訓と課題

近くに三菱ＵＦＪ銀行やセブンイレブンなどがあるならば、じぶん銀行を作っておくとスマホ決済には便利です。
auwallet やａｕペイは加盟店が少ない問題があり、様子見でよいでしょう。

なぜPayPayは大盤振る舞いできるのか

大盤振る舞いはヤフーの伝統？

なぜペイペイはあんなに大盤振る舞いができるのか。

これが疑問だったわけです。みなさんも不思議に思ってますよね。

ヤフーBBという電話線網を使ったADSLの高速通信サービスを始めたときに、無料でモデムをどんどん配ってお客さんを獲得していました。

その後、ソフトバンクが携帯事業を始めたときも、携帯電話をただで配ってユーザーを増やしてきました。

この理由はわかりやすいのです。携帯電話も高速通信サービスもインフラを全国に投資しなければなりません。しかし、お客さんがいないのに、インフラを整備しても投資に対するリターンがまったくありません。

モデムや携帯電話を配って、初期費用0円でも高速インターネット回線や携帯電話を契約すれば、お客さんが増えます。ですので、翌月から月額の利用料金を徴収することができます。インフラだけ整備してもお客さんがいなければ、その間は収入0ですから、このヤフーやソフトバンクの作戦は極めて理にかなっていました。

最初のころは、ソフトバンクの携帯電話の電波はかなり貧弱でした。つながらないところも多かったわけです。しかし、キャンペーン、キャンペーンと繰り広げてユーザーを増やしながら、インフラを整備していました。

私もiPhoneを日本に導入してきたときに、ドコモからソフトバンクにキャリアを乗り換えました。iPhone3GSを使いたかったからです。

PayPayの戦略は謎だらけ

ペイペイは後発でした。スマホ決済はドコモやａｕが先行していました。ですので、巻き返すために、キャンペーンを打つというのはよく分かります。

しかし、１００億円還元というキャンペーンで１００億円はどこから調達してくるんでしょう。それが不思議でした。

シャンプーの業界で資生堂がそれに近いキャンペーンをしたことがあります。ＴＳＵＢＡＫＩというブランドの高級ヘアケアブランドです。当時の資生堂は、ヘアケアのブランドはあまり有名でなく化粧品がメインでした。そこに会社のロゴマークにも

TSUBAKI◉2006年に資生堂のメガブランド構想として新規投入されたヘアケアブランド。12人ものイメージキャラクターが同時に起用され、総広告費は50億円と報道されました。

ある椿をブランド名に冠したヘアケアブランドをスタートさせます。おそらく初年度の売上と同じくらいのマーケティング費用をかけて大大的にプロモーションをかけ、一気に認知度を上げ、高級ヘアケアブランドとして成功を収めました。

例えば、私の勤めていた花王では、マーケティング費用は売上に対して10%程度に収まるようになっていました。どこのメーカーでも同じようにかけられるマーケティングコストが決まっているはずです。1000円の商品を作って、1000円の宣伝をすれば、材料費などかかった費用がすべて赤字になってしまいます。ですから、10%程度に収まるように自制するわけです。

クレジットカード会社の決済手数料が仮に3%とすると、100億円の手数料を稼ぐには、3333億円の売上が必要です。ソフトバンクの売上高は2兆円規模ですが、新しく3333億の売上を積むのは容易なことではないと考えられます。

QRコード決済を日本で普及させたとしても、普及させるコストがかかります。100億円のキャンペーン費用の他に、最初は使える店がありませんから、使える店を開拓する費用も必要です。

ヤフーBBのモデムと同じように、ユーザーが増えることによって、加盟するお店にもお客が流れてきますから、加盟する意味があります。

最初は家電、コンビニと大手が多かったですが、その後、いろいろと加盟店を増やす施策を着々とやっていました。私はキャッシュレスな生活を送るために、ペイペイが新しく加盟店を増やすと使い勝手を試しに行くわけですが、どんどん加盟店を増やしているのが体感できました。

東京より地方に行ったほうがよく分かります。ペイペイは、加盟店の手数料が無料なので、零細なお店でも入りやすい。それもQRコードのついたシールを貼るだけでスタートできますから。

この手数料は、2021年9月末まで無料と発表されています。そこで、また、疑問が起こります。なぜ、そこまで無料なのか？　ソフトバンク携帯やヤフーBBのときは、月額の利用料収入はあったわけですが、ペイペイだとそれは2年間入ってこないことになりますからランニング費用はずっと持ち出しになってしまいます。

狙いは中国人のインバウンド

中国ではQRコード決済が普及していると聞いていました。私自身、QRコードが普及したあとの中国に行く前はわからなかったのですが、実際に行って体感すると、決済の100％がQRコードで行われます。

ですから、中国の観光客は自国で使っているＱＲコード決済を使いたいはずです。私たちが普段使っているスイカを使って外国でも電車に乗れると便利だと想像できるでしょう。それと同じです。

実は、ペイペイは導入初期から中国のアリペイと提携しています。アリペイを使っている中国人観光客は日本のペイペイ加盟店で中国と同じようにＱＲコード決済ができるのです。

２０１８年の観光庁の資料によると、８００万人を超える中国人観光客が来日し、平均旅行消費単価は22万円と試算されています。国の目標は、このインバウンド需要の数字を２０３０年には現状の3倍にすることのようです。

そうなのです。

中国人観光客の決済ニーズへの対応がＱＲコード決済なのです。中国では、アリペイとWeChat Pay（ウィーチャットペイ）の2強です。中国ではウィーチャットというチャットツールを使っています。中国版のＬＩＮＥです。そのウィーチャットと紐付いたＱＲコード決済がウィーチャットペイです。そのウィーチャットペイはラインペイと提携しています。つまりはラインペイのＱＲコードを読み取って、中国人観光客はウィーチャットペイで支払えるということです。

Alilpay（支付宝）（アリペイ）◉中国のスマホ決済の2強のひとつ。アリババグループが運営。ソフトバンクの創業者、孫正義氏はアリババに出資し、現在アリババの取締役も務めます。そのため、PayPayとAlilPayは提携しており、日本のPayPay加盟店で**Alilpay**アプリで決済可能。

QRコード決済は、中国人のインバウンド需要を狙ったものだったのです。こう考えると、中国人観光客の行かないような街でペイペイが使えなくても問題ないと言えるでしょう。

ペイペイやラインペイが使えるようになった店を振り返りますと、最初は家電量販店でした。爆買いで電子炊飯器やウォシュレット、魔法瓶が売れていたという話がありましたよね。

次に導入されたのが、コンビニです。空港や観光地のホテルの近くのコンビニには、外国人観光客で溢《あふ》れています。

つぎに、ドラッグストアでした。花王の商品だと、アイマスクのめぐりズム、赤ちゃんのおむつのメリーズなどは中国人の爆買い対象商品になって、爆発的に需要が伸びました。そのあとは、飲食店、スーパー、タクシーです。

まさに、観光客の導線を網羅しています。

原資はどこから？

ソフトバンクはアリペイを運営している会社のアリババに100億円の投資をしています。それが現在の価値で4兆円になっているのです。

微信支付
WeChat Pay

WeChat（ウィーチャット）◉中国では自国のサービスを普及させる国策で外国のウェブサービスの利用を制限させています。チャットツールではLINEは使えません。同様のサービスとして、中国ではWeChatが使われます。

つまり、ソフトバンクの現在のさまざまな投資の源泉がアリババからもたらされたものだということが分かります。

日本人に対してキャンペーンするのは、私のようなお得を求めて動く日本人のお客が店に行くからです。そうなると、店では店員さんが教育されます。コンビニの店員さんも最初は戸惑っていましたが、今では当たり前のようにＱＲコード決済に対応します。地方のタクシーでも、ドラッグストアでも、最初はたどたどしいですが、慣れた人はまったく問題なく対応します。

そういうわけだったのか、という謎が解けると、ある程度ペイペイが普及してしまえば、そこまで大盤振る舞いのキャンペーンはしないと予想されます。ですから、早めに得なものをゲットしておくべきですよ。

教訓と課題

ペイペイのキャンペーンは、将来における中国人観光客需要を取り込むべく、緻密に実施されています。その原資は中国の会社アリババへの投資のリターンです。日本のペイペイの使えるお店で、中国の観光客も中国のＱＲコード決済を使えます。

PayPayと景品法の意外な関係

衝撃的だった20%オフ

ペイペイが20%還元を始めたおかげで、ネットで火が付き、日本中の話題になりました。２０１８年12月が最初の１００億円還元キャンペーンでした。１００億円を還元するという金額の大きさもさておき、何でも20%オフになるという仕組みが強烈でした。

通常、スーパーなどでも特売品は存在します。私の勤めていた花王が製造している衣料用洗剤のアタックは、ドラッグストアやスーパーの特売商品として並ぶことも多かったのですが、20%どころか原価割れの値段で販売されることもありました。いわゆる、客寄せのための目玉商品です。

それだけ買われると、採算が合わないですが、買い物に来れば他の商品も買うことになりますから、トータルで考えると元が取れるという算段です。

この場合ですと、特定の商品だけということですが、ペイペイのキャンペーンが強

Paypay（ペイペイ）◉ソフトバンクとヤフーによるスマホ決済サービス。事前に現金をPayPayのシステムに入金して、スマホに表示されるQRコードで支払うのが基本的な使い方。100億円をユーザーに還元するキャンペーンで一気にユーザーを獲得しました。

烈だったのは、お店にあるものは何でも20％オフという点です。我々買う立場からすると、欲しい物を買って20％オフになるわけですから、１００億円というタイムリミットの前にどっとお店に押し寄せたわけです。

ここで、20％というのがポイントです。法律があるのです。「不当景品類及び不当表示防止法」と正式名称は長いので、景品法と記述しますが、景品法では、利用者にもれなく提供する景品は１０００円以上の取引の場合、取引価格の20％が上限と決められています。

景品法の制約のために、どのキャンペーンも20％だったのです。ちなみに、雑誌の景品も取引価格の20％と決められているので、その範囲内で景品を作らないといけません。

書店やコンビニに並んでいる雑誌におまけがついていると思いますが、そのおまけの原価は、雑誌の価格の20％に収まっているはずです。私は、商品開発のコンサルティングをしていますので、新しいおまけがついているとチェックしています。

雑誌価格の2割と計算すれば、おまけの原価がわかります。この商品はこのくらいの予算で作ることができるんだという製造原価を知る目安にできるのです。

景品法◉法律では顧客を誘引するための手段として事業者が取引に付随して提供する経済上の利益を景品と定義しています。雑誌のおまけはわかりやすい景品ですが、キャッシュレス還元では20％還元が顧客を誘引するための景品となりました。

キャッシュレス戦国時代の中心はPayPay

話をペイペイに戻すと、この20%というギリギリのラインで、キャンペーンを繰りかえしすることで、締め切り効果とお得感の両輪で、消費者の気持ちを購買に向かわせたのです。

ソフトバンクとヤフー連合のペイペイは、後発でした。ですので、この本でも少し遅めに登場させたのですが、結論から申しますと、このキャッシュレス戦国時代は、ペイペイがその戦いの中心になり、日本のこれからのスマートフォンに関係する通信、決済の覇者へ向けて邁進《まいしん》していくことになっていきます。

派手なキャンペーンの裏側で繰り広げられている各社の攻防、いや興亡についても、触れていきたいと思います。

これが実はペイペイ陣営が他社に仕掛けた罠でもあったのです。花王の洗剤が目玉商品で原価割れの値段で提示された話をしましたが、一度お客様は安い値段を見ると、それを基準に考えてしまいます。つまりキャッシュレスのキャンペーンは20%という意識が固定化されました。

現在は販売する店からは手数料を1円も取っていませんから、20%分全部赤字です。ペイペイでは販促費として１００億円をあてていたわけですが、軍資金がないと大盤振るまいはできません。

ですが、知名度と利用者を上げなければならない新興キャッシュレス企業は泥沼の各社大幅還元キャンペーンへと突入していくのです。私たち消費者からはありがたい限りなのですが……。

教訓と課題

日本では、景品法の制約で、20%上限という還元率になります。PayPay が口火を切った20%のキャンペーンで、キャッシュレスのキャンペーンの標準が20%のような様相を呈してきます。これが実は PayPay 陣営が他社に仕掛けた罠でもあったのです。

ＪＣＢの逆襲

クレカのビジネスモデルから考えると、20％還元は無理がありすぎ

ペイペイで227円の買い物をローソンでしたら6円の還元という数字が表示されてびっくりしました。少なすぎてビックリです。いつのまにかペイペイのキャンペーンが終わっていたようです。

3％還元はクレジットカードに比べれば圧倒的に大きいのですが、20％というペイペイのキャンペーンに慣れてしまっていたので、なんだか物足りなさを感じました（どの還元率が基本か分からないくらいペイペイの還元率は変更されていますが、2020年1月では1・5％還元です）。

クレジットカード会社のビジネスモデルは、加盟店から3％程度の手数料を取り、1％のポイントをお客さんに還元することで、差額として利益を得ることです。ペイペイは2021年9月30日まで加盟店手数料が無料なのに、私たち消費者に20％還元していたわけですから常時赤字です。3％でも、当然赤字です。ただ、一度、大きい

還元額を見てしまうと少ないと物足りなく感じるのも確かで、こうやって少しずつ沈静化していくのかなぁと思っていたところ、伏兵のＪＣＢが20％還元のサービスを始めました。

「ＪＣＢでスマホ決済！　全員に20％キャッシュバックキャンペーン！」というキャンペーンは、２０１９年8月16日から12月15日の４カ月間にもわたって続いたキャンペーンです。おかげで、私はこの期間は、相当のキャッシュバックを受けました。

これはかなりお得な還元率だったのですが、告知があまり上手でなかったので、知っている人が少なかったようです。各クレジットカード会社が自社のサービスをアップルペイに登録するともらえるキャンペーンが地味に進行していました。ＪＣＢのキャンペーンはその中の一つでした。

アップルペイを利用すると分かりますが、ついついメインのカードに設定したものでサクッと使いたくなりますので、複数枚入れることはできるのですが、使うのはメインカードになりがちです。

iPhoneの機種によって違うのですが、登録できるカードは最大8～12枚です。つまりは、これ以上になるとアップルペイに登録できませんから、スマホだけの決済手段に移行してしまったあとは使われないクレジットカードになってしまいます。さらには、アップルが自社のクレジットカード、アップルカードをアメリカで先行して出しています。これが日本に上陸すると他社のクレジットカードは、アップルペイに参入するのが難しくなります。各社からワイヤレスヘッドホンは出ていますが、アップル純正の AirPods を使っている人が多いですよね。アップル純正は有利なのです。

スマホ内の陣地争奪戦

アップルカードが上陸する前に、クレジットカード会社は各社が自社をスマホに登録させようと iPhone の中に入る8枚の陣地争奪戦の真っ最中です。クレジットカード会社の会員サイト内でキャンペーン告知されています。登録するだけで500円バックとか、アップルペイで使ったら20％キャッシュバックとかなりお得です。

せっかくのキャンペーンで、還元率もペイペイを認知度No1に押し上げた20％なのに、認知度が低いのはもったいない。

日本のアップルペイの中で使われるのは、クイックペイと呼ばれるJCBが提唱するコンタクトレス決済の方式です。

実は、日本のアップルペイやグーグルペイが使えるお店では、VISAカードやマスターカード、AMEXでもクイックペイ、もしくはドコモのiDが使われることが多いのです。アップルペイやグーグルペイの画面中に登録したスマホの画面内のクレジットカードをよく見ると、クレジットカードのブランドロゴと並んでクイックペイかiDのマークが書かれているはずです。つまり、日本独自の無線形式を使って、日本のアップルペイは動作しているのです。

アップルペイに登録したVISAカードが海外で使えなくなるのは、この日本独自の方式のためです。クイックペイやiDという規格は、海外の決済端末では対応されていないからです。ちなみに、VISA本体は、アップルペイから締め出されています。VISAがクレジット決済の巨人で、アップルの提示する条件を飲まなかったのでしょう。ドコモが最初はiPhoneを取り扱いしなかったのと同じ空気を感じます。

ですから、アップルペイを海外でも使うのであれば、マスターカードの登録がオススメです。日本では、クイックペイやiDとして使え、海外ではマスターカードコンタクトレスとして問題なく使えます。

ただ、日本の中でのみ使うのであれば、クイックペイの使えるJCBを一枚、キャンペーンがあったときに入れるとよいでしょう。アップルカードが上陸する前までは、あと何回かキャンペーンをするはずですから、そのタイミングを見逃さないようにしてください。

アップルペイ・グーグルペイ◉スマホの中にクレジットカードなどの決済情報を入れておき、無線規格のタッチ決済でリアル店舗やスマホ内での決済をスマホだけでできるようにした仕組み。アップルはアップルペイ、グーグルはグーグルペイと命名している。

細かいことを言いますと、QUICPay+というクイックペイの進化版の規格が今では一般的です。アップルペイが対応しているのもQUICPay+です。ただ、お店のロゴなどはQUICPayと書かれているので、気にしないで使えば問題ありません。QUICPay+というロゴマークもあります。本来はこちらが新しいから正式なのでしょうが、システムをネットで更新できる時代にロゴマークのシールをそれに応じて貼り替えるのも面倒で、矛盾を感じます。

タッチ決済の電子マネーが使えるような決済端末を見たら、周りのロゴをチェックしてください。同じようにタッチ決済のクレジットカードの規格であるクイックペイかiDが使えることが多いはずですから。

教訓と課題

アップルペイの中に入れるカードの領土戦いが地味に進行しています。日本で普及しているタッチ決済は、JCBのQUICPay、ドコモのiDの2択です。チャージも必要ないので、実際使うとしたら、交通系ICや電子マネーよりも便利ですから、将来、普及するのはこちらのタッチ決済になるはずです。

キャッシュレス市場への楽天の逆襲

コツコツ貯められる楽天スーパーポイント

キャッシュレス市場へ楽天が逆襲してきました。

楽天市場というネットショッピングのできるモールで収益を上げて、成長した楽天。楽天市場や楽天ブックス、楽天トラベルなどでネットショッピングをすると、ポイントとして、通常1％付与されるのが楽天スーパーポイントです。

1ポイントが1円分の価値として使えます。

そのポイントが、店頭でも使えるように共通カード化されたのが、楽天ポイントカードです。TSUTAYAのTポイントカードと同じようなものです。最初はRポイントカードという名称だったのですが、途中で楽天ポイントカードという名前に変更になりました。

ミスタードーナツやマクドナルドなどの飲食店、出光やコスモ石油などのガソリンスタンドで買い物するときに出すと、共通でポイントが貯まります。出光だと2リットルにつき1ポイント。1リットルのガソリンの価格を100〜150円だとすると、200〜300円で1ポイントなので、還元率はそれほど良いわけではありませんが、何ももらえないよりは良いでしょう。同じガソリンスタンドでもコスモ石油であれば、1リットルにつき1ポイント。ただし、支払いは現金のみです。

ミスタードーナツだと100円で1ポイント。マクドナルドも100円で1ポイント。小さな書店やお店でも対応しているところがありますので、ポイントが無駄にならずに済みます。コツコツ貯めておけばよいのですから。

ただし、物理的なカードを持っていなければならないのは面倒です。それで、最近はスマホの中にカードを入れることができる楽天ポイントのアプリができました。アプリでバーコードを見せて、レジのバーコードスキャナで読み取るとポイントが加算される方式です。いつ使うかどうか分からないカードを常に持参しておく必要がないのは嬉しい。

このバーコードが会員証代わりですから、ポイントで支払うことができるお店であれば、スマホを見せれば、楽天スーパーポイントで買い物もできます。

ポイント残高もスマホアプリであれば、すぐに分かります。現在の私の残高は、3185円でした。単純に考えると、この100倍のお金、32万円くらいを楽天経済圏で、使ったということになります。

ポイントの二重取りができる

楽天ポイントカードのアプリに、楽天ペイというボタンがあります。いま流行のQRコード決済です。この楽天ペイは、楽天スーパーポイントと連動しますので、この楽天ペイのQRコードを使って、支払いもできます。クレジットカードと紐付けることができます。ポイントがなくても買い物ができるわけです。

名古屋駅構内のベルマートキヨスクでは、楽天ペイでの決済ができると書いていたので、駅弁を楽天ペイで支払いました。

買い物をして、ポイントカードとして使うだけだった楽天スーパーポイントが楽天ペイという形に変わることで、金額を気にせずに買い物をすることができるようになったのです。

それだと、通常のクレジットカード支払いで良いんじゃないかと思いますよね。たしかに、その通りですが、現状は、不思議なことが起きています。

２００円の買い物をしたとします。楽天ペイの利用で1ポイント貯まります。楽天ペイに紐づけてあるクレジットカードで引き落とされますが、そのクレジットカードでもポイントが貯まります。通常のクレジットカードであれば、0・5%のポイント還元があるのが一般的です。ですが、楽天が作っている楽天カードを紐付けて使うと200円の買い物で2ポイントが貯まります。合計すると、200円で、3ポイントです。ポイントの2重取りというクレジットカードマニアな人が喜ぶ裏技です。

普通に公開されている情報なので、裏技でもない気がしますけれど、裏技と書かれたネット記事も多いので、裏技としておきます。

また、プレーヤーが増えてきましたよね。楽天カードです。むむむ……。そうです。ムムム！　で有名になった川平慈英《かびらじえい》さんがCMキャラクターを長年やっているのが楽天カードです。楽天グループが経営するクレジットカードです。発行手数料や年会費は無料です。その楽天カードを利用して楽天での買い物をすると、楽天スーパーポイントのポイント加算が2倍、3倍になったりします。

早口言葉のようになってきているので、簡単に整理しますと、楽天カードを無料で作って、それを使って、楽天ペイで買い物したり、楽天市場などの楽天経済圏で買い物をすれば、貯まるポイントが増えるという仕組みです。

楽天経済圏はすべて無料で完結する

で……まだ、あるんです。「くーー、良いんですか？ 良いんです！」と川平慈英さん風に続けさせてください。

楽天グループは、イーバンク銀行という国内で2番目に登場したネット銀行を買収したのですが、それを楽天銀行と改名しました。ネット銀行ですから、基本的に店舗がありません。楽天銀行と楽天カード（クレジット）を連携させるとお得になるように設計されています。グループ内でお金を落として欲しいという作戦の一環です。

楽天経済圏のすごいところは、基本的に無料ですべて完結することです。楽天銀行を開設して、楽天のクレジットカードを作って楽天ペイを登録して使っても、手数料はかかりません。それなのに、楽天ポイントがどんどん貯まっていきます。逆に、ポイント○○倍というキャンペーンがありすぎて、感覚が麻痺してしまうのは、楽天のもったいないところかと思いますが、ともかくサイトには、ポイント○○倍！ という文字が踊りまくっています。

電子マネー・エディも楽天経済圏へ

さらに、買収したのが、エディという電子マネーです。エディは最初はソニーグループでスタートしました。ソニーのフェリカのシステムが入っています。エディカードは実地のモニターテストのような形でスタートしましたから、社員証なども兼ねたカードでした。

クロネコヤマトのクロネコメンバー割を説明したときに、「2つの機能が入ってます」と言いましたが、電子マネーと社員証が入っているという形です。社員証ということで、社員食堂で使える電子マネーになり、その後ゲートシティ大崎の一部の店舗から、実用サービスを開始し、街ナカで使える電子マネーとして用途を拡大していきました。

私がエディを持つようになったのは、全日本空輸（ANA）と提携した2003年ごろだったと思います。そのころ、空港でエディが使えるところが増えました。エディを200円使うと1マイル貯まる特典に釣られた気がします。

スイカがIC乗車券だけでなく電子マネーとして使用されるようになったのは2004年ですから、電子マネーとしてはエディが先行していました。その後、私がエディを使わなくなったのは、同じような仕組みで、普段使いしているスイカでの支払いに移行していったからです。

電子マネーやクレジットカードはいつも使っているモノを使うようになりますから、楽天ではいろんな連携をやっているわけです。銀行、クレジットカード、ポイント、ＱＲコードのように。

話をエディに戻しますと、電子マネーのサービスは楽天にはなかったので、エディを運営していたビットワレットから発行済み株式の過半数を取得して楽天傘下となり、名前も楽天エディに変更されたのです。２０１２年です。これで、楽天は、決済サービスをフルラインナップで揃えることができたわけですが、問題は、継ぎ足し継ぎ足しなので、とっても分かりづらい。

決済サービスのフルラインナップとは、銀行、クレジットカード、ポイント、ＱＲコード決済、タッチ決済の電子マネーです。

楽天ポイントと楽天エディは全く関係ないフリをしていますが、実は、楽天ポイントから楽天エディにチャージできます。iPhoneやパソコンだとパソリというソニー製の専用の端末がないとチャージなどの設定ができないのですが、おサイフ携帯機能付きのAndroidスマホであれば、楽天エディのアプリを立ち上げて、スマホで電子マネーにチャージができてしまいます。

iPhoneだと今はそういうことはできません。機械的にできないわけではなく、ソフトウェアがそれを禁止しています。アップルはチャージできる機能を開放しないと思われます。

2019年6月、最強の組み合わせを発表

キャッシュレス時代で世の中の支払いは、最終的にタッチ決済に移行するはずですので、楽天エディというタッチ決済のできる電子マネーを持っていることは楽天陣営にとって重要です。しかし、現状ではそのメリットを活かし切っている感じはありません。

電子マネーの発行枚数では楽天エディが一番多いと発表されています。つまりは楽天がタッチ決済できる電子マネーの王者なのですが、実際に使われているかどうかは別でした。おそらく交通系ICカードのほうが日々の利用者数は多いでしょう。

楽天は通販の王者でもあります。楽天市場で購入すると、楽天ポイントが貯まりま

す。この楽天ポイントは楽天ペイとして、ＱＲコード決済もできます。ネットもリアルもすべて持っているのが楽天で、獲得ユーザー数も多いので、キャッシュレス戦争において一番有利なポジションにあるのです。

ですから、ペイペイが大きなキャンペーンを打っても沈黙を守っていたわけですが、２０１９年６月に最強の提携を発表しました。

ＪＲ東日本との提携です。

２０２０年春から楽天ペイアプリで、スイカが発行できるというのです。これにより楽天カードからスイカにもチャージでき、そのスイカで乗車すると楽天ポイントが貯まるという良循環が生まれます。理論上は、スイカと楽天エディの両方入ったクレジットカード機能付きの楽天銀行のキャッシュカードも作れるはずです。

大きなシステム同士を連携させることになりますので、提携発表は２０１９年６月でしたが、運用が開始されるのは、約１年後の２０２０年の春と発表されています。

ネットに強い楽天とリアルの電子マネーで強いスイカ陣営がタッグを組むのは、最強の組み合わせなのです。

ソフトバンクのペイペイ陣営はＱＲコード決済では大きなシェアを獲得しました

が、タッチ決済できる電子マネーがありません。ドコモ陣営はｉＤというタッチ決済は持っていますが、ネット決済ではまだまだ弱いです。

つまり、利便性でいうと、楽天陣営がこの提携で一番になったのです。

楽天カードは普段持参していないのですが、楽天ペイのアプリに楽天アカウントを紐付けておけば、スマホだけで楽天ポイントを貯めることもでき、リアルな店舗で楽天ポイントから充当したＱＲ決済（楽天ペイ）として使えます。

楽天は提携や買収をして、付け足し付け足しで勢力を大きくしているので、楽天ポイント、楽天エディ、楽天ペイ、楽天カードなどがどう繋がっているのか非常に分かりづらい。この分かりづらい状態は問題ですが、実のところ、楽天経済圏で揃えてみると、何でも対応できるようになっている状態です。

私自身も携帯電話はａｕを7年以上使っていましたが、とうとう楽天モバイルに変えてしまいました。

楽天銀行の決済にした楽天カードと紐付けて、楽天モバイルの回線で、楽天市場で買い物をして、楽天ポイントを貯めて、楽天ペイを使ってリアルに買い物をするというリアルもネットも混在したキャッシュレス時代の導線が楽天経済圏だけでできてしまうようになりました。

私が「楽天はキャッシュレス戦国時代に生き延びる」と思っているのは、こういう楽天経済圏を構築しているからなのです。継ぎ足し感があるので、使い勝手が悪いのは問題ですが、それさえ改善されれば、キャッシュレス時代の日本国内一番の覇者になり得るはずです。

これに2020年からスイカも加わり、最強の布陣になりそうです。

教訓と課題

楽天は、キャッシュレス時代に必要なサービスを自社系列ですべて網羅しています。楽天ポイントを貯めるだけではなく、周辺サービスも上手に使うとさらに便利になるでしょう。

7pay炎上から見えてくること

1週間も経たずに休止した決済サービス

２０１９年７月。セブンイレブンがいよいよ自社のＱＲコード決済サービスを始めるということで、みな身構えていました。このタイミングに合わせて、特集を予定している雑誌もいくつもありました。

とある雑誌のインタビューで、キャッシュレスについていろいろと答えたのですが、結果的にその特集はなくなりました。インタビューは受けたけれど、特集なしでノーギャラになってしまいました。

というのも、セブンイレブンが２０１９年７月１日から開始したＱＲコード決済の７ｐａｙ（セブンペイ）は翌日から不正利用が相次ぎ、７日もしないでサービスを休止しました。こんな決済サービスは聞いたことがありません。

そのあとも場当たり的な対応に終始した挙げ句、１カ月後の８月１日にセブンペイのサービスを廃止することを発表しました。せっかく作った利用者たちのアカウントは中途半端な状態になってしまいました。9月30日、つまり3カ月でセブンペイは正式に終了し、残高は払い戻しされることになりました。

私の場合、10月2日に払い戻し手続きをしたのですが、実際に残高が払い戻されたのは12月18日と2カ月以上もかかりました。払い戻し手続きもかなり煩雑《はんざつ》でした。セキュリティに問題がないように慎重になったのでしょうが、残高370円を返してもらうのに、かなりの手続きの時間がかかりました。

サービスの停止もそのあとの対応の酷《ひど》さも、通常ではありえないペースの対応でした。おかげで、盛り上がったキャッシュレスブームに水を差す事態になりました。

正直なところ、このセブンペイ問題がなければ、キャッシュレスはもっと盛り上がったでしょう。セブンペイの投入時期も、消費税が増税される前で、キャッシュレス還元の熱狂に間に合わせたわけですから。

もっとペイが乱立していたかも

大企業によるセキュリティやシステムの問題が予想外に発覚したことによって、各社の動きが加速する効果も働きました。ここから、乱立したペイは収束に向かう動きを見せ始めます。

おそらく、セブンペイの問題がなければ、たくさんのペイが乱立する状態も続いたのだろうと思われます。

思い起こせば、私のキャッシュレス生活の現金を使った1敗目が、ナナコでした。システムが古い感じで、スマホ時代には合ってなかったのです。登録してもすぐに使えず、24時間以上経ってから動作が始まる前時代的なシステムでしたから。予兆はあったわけです。古いシステムを放置していたわけですから。

セブンペイの前身で利用されていたセブンイレブンの会員アプリも、あまり使い勝手の良いものではありませんでした。セブンペイの機能が取り除かれ、リニューアルされた現在のセブンイレブンの会員アプリも、残念ながら、あまり使い勝手はよくありません。

コンビニで会員情報に基づいた購買履歴が取得できると、購買のビッグデータが蓄積されます。セブンイレブンと同時期にファミリーマートも会員番号と連動したQRコード決済ファミペイを開始したのにもかかわらず、どちらのサービスも利用者が増えずに収束してしまった感じです。

というわけで、せっかくのチャンスだったのですが、コンビニの購買データを取得する試みは各社不完全に終わってしまいました。

実証実験的に、私は頑《かたく》なに使い続けていますが、このセブンイレブンの会員アプリを店頭で出している人はほとんど見かけません。

冒頭の雑誌の話に戻しますと、セブンイレブンは流通の大手ですから、たくさんの雑誌を販売しています。

その雑誌の編集部は忖度《そんたく》して、特集をやめたようです。万が一、セブンイレブンで、その雑誌の取り扱いがなくなると困りますから。

7ペイ問題からキャッシュレスの今後を予想すると

セブンイレブンでは、この時期に、各社のQRコード決済に一斉に対応しました。さまざまな決済手段に対応することで決済手段の間口を広げ、乗り遅れたQRコード決済対応に一気に追いつく予定が、セブンイレブンのブランドを毀損《きそん》しただけに終わってしまいます。

ただ、セブンイレブンジャパンの2019年3月～8月の決算は、営業総収入4476億5000万円（前年同期比0・3％増）、営業利益1324億2500万円（3・9％増）となっていますから、不買運動などにはならず、売上への影響は軽微でした。もちろん、大々的なキャンペーンをしかけているわけですから、期待している収益には達していないでしょう。

このセブンペイ問題から、キャッシュレスの今後を占えます。

流通系陣営から、キャッシュレスの覇者が出ないであろうということです。

キャッシュレスを使うと便利なのは、リアルな店舗です。現金を数えなくて済みますし、現金授受もなくなるわけですから。ですから、日本の流通大手は、それぞれ自社の囲い込みのために電子マネーやクレジットカードを導入してきたわけです。

それをさらに広げて、QRコード決済という手法で、スマホ決済と会員情報と結びつけることができるはずだったのですが、失速しました。

キャッシュレスで重要なのはシステムとの連携です。お客さんの購買情報をビッグデータとして集めることですが、その中核となる自社アプリをお客さんがコンビニで出さなくなりました。

ペイペイを使ってコンビニで買い物をすれば、データを持つのはソフトバンクであり、d払いで支払えばデータを持つのはドコモです。

たくさん店舗を持ってリアルの接点の多い流通系陣営は有利な立場だったのですが、このシステムトラブルで信頼性を失ってしまい、店頭でお客さんが出しているのは、通信系の決済方法やポイントカードばかりです。

私は流通系陣営と通信系陣営での異業種の戦いが長期間にわたって繰り広げられると想像していたのですが、この7ペイの炎上で一気に勝負がついてしまった感があります。

自社の店頭という一番有利な戦場で負けているようでは戦には勝てません。

教訓と課題

7ペイの教訓は、大企業でもキャッシュレスのシステム開発でトラブルを起こす可能性もあり、そのトラブルで勝敗が一気についた感があります。流通系の会社は自社の店頭という有利な場所でも決済方法ではアドバンテージを取れなくなってしまいました。今後は通信系の会社がキャッシュレス決済では優勢になっていくと予想されます。

コンビニの会員アプリで一番よくできているファミペイ

Tポイントの一本足打法から脱却

ファミリーマートでもQRコード決済が2019年7月より始まりました。ファミペイです。ファミリーマートは、クレジットカード型のファミマTカード（JCB）を使って買うのが一番お得なのですが、さらにファミペイというQRコードの電子マネーアプリが決済手段として追加されました。

ファミペイを使えば、スマホだけ持っていれば、チャージした電子マネーを使って買い物もでき、同時に会員カードでもあるので、ポイントも貯まります。

「Tポイントカードはお持ちですか？」という言葉を聞かずに済みます。ファミペイを導入するときに、ファミリーマートはTポイントだけではなく、楽天ポイント、dポイントでもポイントが貯まるようにTポイントの一本足打法から脱却しました。買い物客が自身の貯めたいポイントカードで貯めることができるようになったのです。

3枚のポイントカードを持つ必要はなく、アプリ中で貯めるポイントカードを設定しておけばＯＫです。

ファミリーマートの中の買い物は、なんでもファミペイが使えます。切手も収入印紙もポサカードも請求書の支払いも、とにかくなんでもｏｋです。

店頭で現金からチャージすることもできますが、おすすめはファミマTカードでアプリ内でチャージすることです。そうすれば全く現金を介することなくファミマで買い物ができます。

ファミペイは、コンビニの会員アプリの中で、一番よくできたアプリです。電子マネーとしては、ファミリーマート以外では使えませんから利用範囲が限られますが、コンビニに行けば何でも買えることを考えると、ファミリーマートの店が近くにあれば万能の電子マネーと言えます。利用に応じて自動的にポイントも貯まります。

教訓と課題

ファミリーマートの店頭ではファミペイを使ってお支払いするのがポイント2重で便利です。ファミマTポイントカードからチャージすれば完全にキャッシュレスでスマホのみで何でも買えるようになります。

パスワード問題

同じパスワードを使い回すのはキケン

キャッシュレスと同時に問題になるのが、パスワードです。

クレジットカードの暗証番号のようなものだけではなく、いろいろな決済サービス、会員のサイトなどを駆使する必要が出てきます。いまは良いツールがあるので、私にとってはそんなに大変なことではないのですが、コツを知らないと厄介な仕事になりますし、トラブルの原因にもなるでしょう。

たとえば、スマホ銀行のａｕじぶん銀行にログインするには口座番号やログインパスワードが必要です。よくあるのは、同じパスワードを使い回すことです。カードや加入しているサービスが増えると、ついつい忘れそう。で、同じパスワードに統一してしまいがちです。

ですが、これをやってしまうと、一つ漏れたら、全部漏洩《ろうえい》したのと同じになってしまいます。

セブンイレブンが始めたセブンペイでも、ソフトバンクとヤフーが始めたペイペイでも、悪用の問題が出ていました。私自身は性善説で過ごすようにしているのですが、自衛の策だけは講じています。

どこのサービスから問題が起きても、その1社分だけで済めば影響は少ないですが、全部同じだったら、一つアウトになったら、全部アウトですから。

つまりは、同じパスワードを使い回すことはやってはいけないということです。セブンイレブンやソフトバンクのような大企業でもセキュリティホールがあったりするわけです。万全を期していたつもりでも……。

クレジットカードの決済の一番の問題は、カード番号とカードの裏の3桁のセキュリティコードだけを入力すれば、ネットなどでモノが買えるということでした。

悪い人が世界中に一人もいなければ、この仕組でも問題ないし、便利です。

カードを盗まれていなければ、手元にカードを持っているはずですから、その3桁の番号は分からないのが原則です。カードを持っている本人も安心しています。

ただ、私たち日本人はクレジットカードをお店で決済するときに、店員さんに渡して処理してもらうことが多いですよね。テーブル会計だったらカードを渡していますす。その間に、2つの番号をメモすることなんて簡単なことでしょう。今だとスマホのカメラで写真も簡単に撮れますから、数秒の隙があれば物理的には可能です。

ですから、欧米やアジア諸国でもカードを渡す決済スタイルは減って、クレジットカードもタッチ決済に移行しているわけです。


クレジットカード会社が最近この3桁のセキュリティコードに問題があることに気がついて、３Ｄセキュアという仕組みを導入しました。名前が３Ｄとかついているので、すごい気がしますが、要するにもう一つ自身で決めて自由に変更できるパスワードを作るということです。

そうなんです。煩雑になっただけです。もし、３Ｄセキュア用のパスワードを同じパスワードを使いまわしていたとしたら、結局同じですよね。

でも、パスワードをいろいろ変えると覚えていられませんから、本人が使えないという情けない事態に陥ります。

有料サービスを使ったほうがいい理由

ちなみに、パスワードを定期的に変えろと通知してくるサービスは、ダメなサービスです。銀行系のシステムに多い印象がありますが、パスワードを変えるのを勧めるのは、盗まれる前提での話になっていますよね。

パスワードを盗まれても、定期的に変えていたら大丈夫というのは本末転倒です。盗まれないように対策しないといけないはずです。私たちも、システム側も。

そこでオススメしたいのが、有料のパスワード管理ツールを導入することです。私は1Passwordというサービスを有料版で使っています。いろいろなパスワード管理ツールがありますが、無料のものはあまりオススメしません。

当たり前のことですが、無料で商売はできないわけですから、大事なパスワードに何か問題があったときに大変なことになります。

グーグルのブラウザ、Androidスマホ、iPhoneでもパスワードを自動的に記憶するようにできますが、何かあったときに、怖いです。グーグルだとパスワードマネージャというところに保存されています。Appleはキーチェーンというところに保存されています。グーグルもAppleも無料で使えますが、管理がしづらいんです。要は使いにくい。セキュリティレベルは低いわけではないのですが、使いづらいのが問題です。あとは無料ということもあり、何かあったときに心配があります。気分的な問題ですが……。

パスワード管理ツールを導入すれば、それへのログインパスワードだけ覚えておけば大丈夫です。iPhoneだと指紋認証や顔認証でロックが解除されますので、普段はサクッと顔パス状態でいろんなサイトへのログインができるようになります。

1Passwordはスマホアプリ版もありますし、パソコン版もあります。同じアカウントを使えば、どちらでもパスワードの入力に困らずに、キャッシュレスな決済が使えます。

教訓と課題

1Passwordのようなパスワード管理ツールを入れるのがコツです。

ネット社会においてはスマホでもパソコンでもお金を突っ込むことができないわけで、ですから、キャッシュレスが当たり前。その決済の出どころになっているパスワードはしっかり管理して防衛しておきましょう。

レシートはどう処理するのが正解か

アプリを使って一気に解決

キャッシュレス生活を送るにあたって、面倒なのがレシートの問題でした。

買ったものの明細を確認したいとき、レシートに書かれた情報をチェックしないといけません。紙幣すら使っていないのに、紙のレシートがどんどん溜まって、それを整理しておかねばなりません。でも、整理は、面倒くさい。

ですが、結局のところ得したのかとか、あの支払いはどの決済手段を使ったのかとか、ポイントの残高がどうなっていたのかなど、ふと思い出すわけです。あとになってから、気になってしまいます。

そんな履歴を追うためには、やはりレシートの整理をしておくしかありません。でも、繰り返しますが、整理は面倒くさい。できればやりたくない。

アプリで決済ができるようなペイペイを使えば、履歴がアプリに残っていますので、アプリの中の履歴を確認するだけで良いのです。しかしながら、キャッシュレス生活をするにあたって、さまざまな決済手段を駆使しています。アプリ内で確認できるものばかりではありません。

そこで、レシートの問題の解決のために、毎月600円を払って、レシートをデータ化するサービスを導入することにしました。

ドクターウォレットというウェブサービス&アプリです。レシートを撮影すると、内容をテキストデータにしてくれます。月額600円を払うと、プレミアムプランに加入できます。撮影枚数は毎月120枚までです。プレミアムプランだと、レシートの品目まで詳細にデータ化してくれます。スマホの撮影でも、デジタルスキャナのスキャンスナップで読み取ってドクターウォレット送信でもテキスト化されます。デジタルスキャナのほうが速いので私はスキャナを使うことが多いです。

スキャナは自動で紙を吸い込むフィーダーをつけておけば、セットすればレシートがキレイに吸い込まれ、画像化されます。事前に設定しているので、レシートは自動的にドクターウォレットに送られ、数分後にはテキストデータに変換されています。スマホアプリで写真を撮る場合はレシートが丸まってしまうことが多いので、平らにして撮影するのが意外と面倒なのです。スキャナだとその手間も省けます。

たとえば、昨日のスーパーマーケットでの買い物は28品目をレシート通りにテキスト化してくれていました。コンビニでペットボトル1本のときも同じようにテキスト化されます。

月600円で120枚ということなので、レシート1枚をデータ化するのに5円ということですが、これは、高いのか安いのか不思議な感じがします。100円の買い物をしてレシートをデータ化したら、5円分のレシート費用がかかるわけですが、スーパーでの買い物、15480円分の明細が30項目以上になっても、それでも5円です。

120枚以上のレシートをデータ化する場合はチケットを追加で買う形になります(10枚で250円、50枚で1220円と追加購入のほうが割高になっています)。レシートの画像データも保存されています。これがポイントの確認にも使えるわけです。

買い物の履歴データを検索してみると……

ここまで書いて、先日ドラッグストアで買ったガムテープを思い出しました。そこで、ドクターウォレットのアプリで、テープと検索すると、いくつかの履歴が出てきました。2019年10月8日のレシートだとすぐにわかりました。データを見れば、ドラッグユタカで196円の布粘着テープを購入したことが分かります。

さらにレシートの画像からTポイントを使って購入していること、Tポイント残高が3285７ポイントあることが分かりました。25ｍ巻きというのもレシートから分かりました。

ついでに100円ショップで買えるようなものを、あえてドラッグストアで買っている理由について書いておきますと、メーカーがはっきりしているものを買うのが粘着モノの場合は得策です。長期間使っていると、ノリがおかしくなるものがノーブランド品は多い。付箋などは特に。もちろん、大丈夫なものもありますが、しばらく経ってから判明するので、ダメだと思ったときには、もう遅い。

で、布テープだと100円ショップだと、10ｍ巻きです。25ｍ巻きで250円以内であれば、コストパフォーマンスもメーカー品のほうが良いということになります。

本題に戻ります。ドクターウォレットはレシートの取り込みだけではなく、アマゾンや楽天市場、ヤフーショッピングなどのネット通販のサービスのデータとも連携もできます。布テープでは、アマゾンで2018年1月8日にニチバンの25ｍ巻きの商品を225円で購入していました。

このアプリがあれば、店頭で（この商品はいくらくらいが相場なんだっけ？）と迷ったときに便利なのです。

ちなみに、粘着テープのことを思い出したのは、店舗とネット通販のどちらがお得だったのだろうと、ふと気になったからなのです。どうせ買うならば、お得なほうがいいですから。

キャッシュレスで大幅に還元があったりするので、金銭感覚がおかしくなりますが、過去に自分の買った記録を辿《たど》れると買物の判断に便利です。

ドクターウォレットには、無料プランもあります。無料プランだと、日付、マツモトキヨシ、1365円のように、使った日の店舗名と合計金額のみになりますので、ざっくりした家計簿としては使えます。

もう少し履歴を検索してみましょう。例えば、マクドナルドで検索すると、履歴が出てきますので、私の場合だと、月に2回〜4回、お店に行ったことがわかります。

今回はドクターウォレットのサービスを使って、レシートというアナログな手段を介して、データ化していますが、キャッシュレス化するということは、購買データがデジタルのまま手に入るということなのです。中国に4日間行ったときのレシートはほとんどありませんでしたが、すべてアリペイのアプリに履歴が残っていることで、どこで何を買ったのかが労せずしてわかります。

現状でもクレジットカードで買ったものの履歴はカード会社から送られてくる明細を見ればわかるでしょう。最近だと、オンラインで明細を見ることも増えています。したがって、購入後すぐに購買履歴として見ることも可能なはずですが、現状だとまだタイムラグが少しあります。

このデータを活用するといろいろなビジネスができるはずです。また、業務の効率も上がるはずです。帳簿をつける作業は極論を言えば、キャッシュレスになれば自動化され、人がやる仕事ではなくなるはずなのです。

教訓と課題

明細の確認をしたいのであれば、現状だとレシートによる方法がもっとも正確です。楽をしたいのであれば、ドクターウォレットのプレミアムプランに入るのがオススメ。テキスト化された購買データは検索や傾向分析も自由自在になります。将来はキャッシュレスの手段で明細や履歴もデジタルで自動的にまとまるようになることが期待されます。

クレジットカードは非接触ICカード時代へ

人は楽なほうにしか流れない

最終的には、すべて非接触の決済の時代が来ると確信しました。

商品開発のコンサルティングをしているときに考えるのは、商品の向かうべき方向性です。

Aという商品とBという商品があるとします。両方とも同じ機能を持つとすれば、「人は楽なほうにしか流れない」というルールです。したがって、AかBのいずれか楽なほうだけが、最後には残るということです。

逆は、ありません。人は、面倒なことはしないのです。

花王に在籍していた時代に、いろいろな商品が開発され、その開発の経緯から、最終的な市場展開まで間近で見ていました。新しい生活習慣を提案するような画期的な商品を作っても、ヒットしないことが多かったのです。

ちなみに、私が作った商品ではなく、他の社員が作った商品なので客観的に眺めていられるわけですが、画期的なはずなのになぜ売れないのか、ずっと疑問でした。ですが、商品の機能や性能に注目しすぎると見えなくなるのです。私も客観的に眺めていて気がついたことです。

新しい商品だと中身の説明も大変なので、既存の移動手段を例にしましょう。

電車とバスとタクシーという商品を比較します。この3つが、同じ料金で同じ速度で走ると仮定すると、おそらくほとんどの人は、タクシーに乗ります。

基本性能に、まずは注目します。現在地から目的地まで移動することが、この場合の基本性能です。同じ料金だと、タクシーに乗る方が、楽に移動ができることはお分かりですよね。電車やバスだと駅や停留所に行かねばなりません。その分が面倒になります。ですが、タクシーだとドアｔｏドアです。

地方に行くと自家用車での移動がほとんどになるのは、この原則です。公共機関までのアクセスが不便なので、自家用車のほうが楽という選択になります。

将来は、その自家用車も電気自動車に変わると思います。その理由ですが、今は、ほとんどの人がセルフ式でガソリンを給油していますよね。ガソリンの匂いを我慢しながら。電気自動車になれば、この給油の代わりに充電になりますが、行動パターンは同じで、匂いがなくなるのであれば、確実に電気自動車に移動手段は変わるはずです。もちろん、バッテリー容量のため、充電する頻度が増えるというのが現状の問題です。この問題が解決するまでは、何度も充電するというのは楽ではありませんので、電気自動車の普及に対してブレーキがかかっているわけです。

セルフ式になっていますよね？ と先に前提を示したのは、運転手が自動車に乗ったまま、ガソリンスタンドの人が給油してくれるのであれば、話は変わってきます。どちらも楽ですから。電気自動車への移行は進みません。

ですが、スタンドで働く労働者が減っていることもあり同じセルフ式であれば電気に変わるはずです。電気だとスタンドも無人化できますからスタンドの経営も楽になるでしょう。

移動手段のバスと電車と自動車の揺れ具合とか、混雑具合とかは別の機能です。移動手段の基本機能の一つに所要時間とコストもあります。今回は、コストと速度を同じにしました。実際には、これらの基本性能のバランスを考慮して、どちらが楽かということで人間は判断していますので、どの交通手段もまだ存在しているわけです。

「非接触(タッチ決裁)」の楽さを私たちは知ってしまった

私たちは決済の仕組みでクレジットカードを渡してサインするという方法を使って

いました。個人の認証をサインで行っていたのです。その次に、暗証番号を入れる方式になりました。番号を入力するだけのほうが、手間が少し減った気がしますが、それほど差はありません。ですから、両者が併用されています。

このあと生まれたのが非接触のタッチ決済です。

日本語に少し違和感があります。タッチの意味は接触するですが、非接触とは変ですね。技術的には非接触で情報のやりとりは完了するのですが、人の行動パターンとして、タッチする（＝触れる）ところまで手を動かしてしまうので、非接触決済＝タッチ決済と言われます。

交通系ＩＣカードを使ってタッチ決済で交通機関に乗れると分かってから、切符をあえて買いに行く人はいません。切符を券売機に行って、行き先までの料金を調べて乗るほうが明らかに面倒ですから。交通系ＩＣカードだと料金を調べることも小銭を出すこともお釣りを財布に入れることも必要ありません。現金でチャージする人は千円単位でチャージをするだけですから、小銭を出さずに小銭分の料金で乗ることができます。小銭がなくなる分、財布も軽くなります。

というわけで、タッチ決済の楽さを我々は知っていますから、クレジット決済は、各社タッチ決済へ移行しているのです。ＶＩＳＡカードはビザタッチ、マスターカードはマスターカードコンタクトレスという名称です。ＪＣＢはクイックペイ、ドコモはｉＤというタッチ決済の仕組みを持っています。アップルペイもグーグルペイもタッチ決済が基本です。というわけで、インフラが整えば、タッチの決済手段に完全移行するはずです。

磁気カードやＩＣカード＋暗証番号は古いのです。ただし、タッチのみで済んでしまうため、クレジットカードは防犯対策も考えておかねばなりません。

日本でもイオンカードがタッチ決済対応のカードとなりました。それと同時期にイオンの店頭でも、レジがタッチ決済に対応しました。これを機として今後はＶＩＳＡやマスターカードコンタクトレスでの支払いができる店が日本でも増えるでしょう。

教訓と課題

決済はタッチ決済に各社、移行しつつあります。海外では顕著です。日本ではＪＣＢとドコモの日本ローカル規格が基本でしたが、世界でのコンタクトレス規格に対応したクレジットカードも増えてきています。

方向性が真逆なアップルとグーグル

キャッシュレスはスマホだけで完結するようになる

キャッシュレスの一番の注目選手は、アップルとグーグルです。スマートフォンプラットフォームの2強です。

最終的にはキャッシュレスはスマホだけで完結するようになるはずです。ですから、そのプラットフォームを提供している2強の情勢に注目しておかねばなりません。そして、両者の方向性が真逆なのが興味深いところです。

グーグルがグーグルペイの前身AndroidPay（アンドロイドペイ）を先に始めました。その当時は、時期尚早で普及しませんでした。そこで方向を修正して投入したのが、グーグルペイです。グーグルはプラットフォームを提供するだけです。おサイフケータイのフェリカを使ったグーグルペイや、フェリカは搭載せずにVISAタッチやマスターカードコンタクトレスだけが使えるスマートフォンもあります。無秩序に、プラットフォームを開放しています。その利点として、フェリカ搭載のアンドロイドスマホであれば、ナナコもワオンも楽天エディもスイカも一台に入ってしまいます。もちろん、コンタクトレスのクイックペイ、ＶＩＳＡ、マスターカード、ｉＤとなんでもござれの状態です。

　グーグルでは規制も少ないので、各社は自由に参入できるのです。私もグーグル製のPixel3aを使い始めたら、これ一台だけで、財布が要らない状態になりました。電子マネーのチャージもスマホででき、完全に財布代わりになるのです。

　一方、アップルはアップルペイという規格に、スイカだけを搭載しました。中にフェリカチップが入っているので他の電子マネーも搭載できるはずですが、アップルは使うことを許していません。

　アップルペイで登録できるクレジットカードも制限されています。ＪＣＢとマスターカード、ＡＭＥＸはＯＫです。ＶＩＳＡカードは、基本的にＮＧです。

　アップルはアップルのプラットフォームにおいて自身のルールを強要します。たとえばアップルのアプリではエロコンテンツは掲載禁止です。アップルが認めた以外の方法での課金も許していません。おそらくＶＩＳＡとは手数料などの条件面で折り合えなかったのでしょう。日本では、日本の通信キャリアの巨人ドコモも最初はアップルと契約面で折り合うことができずiPhoneを取り扱うことができませんでした。

Pixel 3a（ピクセル）◉Google製のスマホPixel 3の廉価版。基本的な機能は維持され、値段はほぼ半額。NFC／FeliCaを搭載しGooglePayの機能はすべて使えます。この価格のスマホがヒットしたことでAndroidスマホは基本性能を満たし先進機能を省いたコスパ重視の機種が増加傾向になった。

ただし、日本の金融会社の発行するＶＩＳＡカードはＪＣＢかドコモのｉＤという決済方法で処理される特殊な方法で、アップルペイに対応しています。

ですから、日本で使えているＶＩＳＡのアップルペイでも海外では一切使えません。マスターカードの場合は、海外でもマスターカードコンタクトレスとしてアップルペイに対応しています。ですので、日本でも海外でも使えます。

クレカ会社がしのぎを削ってキャンペーンをしている理由

アメリカで先行して始めたサービスがアップルカードです。自社でスマホ専用のクレジットカードをゴールドマン・サックスと共同で始めました。現在はアメリカのみですが、自社サービスを優遇するアップルの方針を考えると、日本でこのカードが解禁されるとアップルカードがアップルペイの中でのシェアをほとんど持つことになり、他社のカードは冷遇されることになります。

ですから、前述したように、日本ではアップルカードが登場する前にアップルペイに自社のクレジットカードを登録させようと、各社がしのぎを削っています。おかげで、私もＪＣＢのアップルペイキャンペーンで、数万円分の還元を受けました。

おそらく２０２０年にはアップルカードが日本でも開始されるでしょう。それまでは、各社ともアップルペイに関するキャンペーンを行うはずです。

アップルは自社内で閉じた決済システムを構築し、グーグルはオープンな決済システムを構築しています。真逆の方針で進んでいます。日本のスマートフォンは、この2つのプラットフォームのどちらかを使うことになりますので、両者の今後の動きは注目です。

音を使った決済も

グーグルのインド市場での試みは音を使った決済方法です。スマートフォンで人間が聞き取れない周波数の音を出し、それを相手のスマートフォンで聞き取ることで決済をするのです。QRコード決済のようにカメラでスキャンする必要はありませんから、アプリを起動するだけで決済が完了できます。

日本では、JR東日本の新型車両内でこの人間の聞こえない音を使っています。JR東日本のアプリを立ち上げると、どの号車に乗っているのかを知ることができます。移動している電車の中ではGPSは使えませんが、この音を使って号車を判断できるのです。楽天チェックというポイントを貯めるアプリもこの原理です。

ローソンの店頭でアプリを起動すると、ローソンの中で流れている人間の聞こえない音を聞き取って、チェックインを判断してポイントが貯まります。

アップルは基本的に技術を開放しませんが、最近珍しく開放された特筆すべき話題は、NFCの読み取り機能です。エディやナナコ、スイカのプラスチックカードの残高や履歴をiPhoneで読み取れるようになりました。

グーグルでも同じ機能はすでに開放されていたのですが、アップルでもOKになりました。この技術の先には、スマホ同士をタッチさせるだけで、お金をスマホ間で移動できるようになるでしょう。

まだまだスマートフォンの技術は進化します。より便利で安全な決済方法が搭載され財布すら要らない世界にするべく、この2社が牽引していくことになるでしょう。

教訓と課題

グーグルペイは何でもあり。制限がないので、どんな決済でも自由自在に使えます。アップルは制限がある反面、使い勝手はよく操作は分かりやすい。

アップルカードが出る直前までアップルペイに入るクレジットカード競争で各社キャンペーンが実施されるはずなので、要チェックです。

NFC（Near Field Communication）◉
近距離無線通信。その距離は10cm程度。交通系ICなどのスマホ決済もその一つ。Airdropという名前でiPhoneでは画像を端末間で送り合うことができるのもNFCの一例。

POSAカードを使いこなす

万引きしても使えない仕組み

いろんな金券的なカードがコンビニの棚に飾られています。アップルのiTunesカードやGooglePlayカードなどいろいろなカードが並んでいると思います。コンビニへ行くと、念のためにチラッとだけ確認するようにしています。キャンペーンがよく行われるからです。

金券的なカードは、正式にはPOSA(ポサ)カードと言います。Point of Sales Activationの略で、POS(販売時)にActivation(有効化)すると、使えるようになるカードです。ですから、万引きしても使えないのです。

お金を払うとレジを通ります。そのレジの端末で手続きすると、金券の機能を発揮する仕組みです。私自身、この仕組みを知るまで、いつも不思議に思っていました。こんなに多額のカードを不用意に置いておいていいのだろうかと。マジシャンだったらこんなトランプ程度のカードなんて一瞬で隠してしまえますから。でも、隠してもダメなわけです。レジを通さねば使えないカードなのです。
ポサカードを使ったキャンペーンが行われるのは、販促の一環です。GooglePlayカードとiTunesカードは10％ボーナスポイントのキャンペーンが定期的に実施されています。

私の場合は、GooglePlayのゲームは買いませんが、たまに映画をレンタルします。一番費用がかかるのは、そのクラウドサーバーのグーグルドライブの費用です。私は、パソコンやスマホで扱う過去の書類すべてをグーグルドライブに入れています。２ＴＢの容量の契約で月額１３００円です。1年分を一括で払うと１３０００円と少しお得になります。この支払いをGooglePlayカードで払うと、さらに10％のキャンペーン分、お得になるという算段です。

グーグルやアップルへの支払いはクレカよりもお得

ファミリーマートでGooglePlayカードを５０００円分購入したあと、キャンペーンサイトにカードに書かれたコード等を入力すると、ボーナスポイントが５００円分もらえます。利用しないと損ですよね。普通にグーグルやアップルへ払う料金は、クレジットカードで直接引き落としにせずに、ポサカードで払ったほうが得なのです。

iTunesカード◉アップルのネットサービスの支払いに使える金券。番号を登録しておくと残高がチャージされます。有効期限はないので登録後のお金は失効しません。慌てて使わなくても大丈夫です。

iTunesカードもキャンペーンや利用の仕方はグーグルと同じです。iCloudの料金をカードで払えば、iPhoneなどのバックアップに使っている費用も安くできます。

冒頭にチラッとだけカードの棚を見ると書きましたが、お得な新しいカードやキャンペーンがあると棚にPOPが立ちますから、チェックしているのです。

ポサカードは、現金で買うのが基本です。これだと私のルールだと負けてしまいます。ですが、セブンイレブンであれば、電子マネーのナナコでも買えます。ファミリーマートでは、ファミマTカードやファミペイで買えますから、現金を使わないでも買うことができます。

ポサカードもアプリで管理する

今回は、いきなりステーキのカードとモスバーガーのカードがお目当てでした。いきなりステーキのカードは5200円分のカードが5000円で買えました。

レストランやファストフードのカードはそれぞれのお店が出しているアプリに番号登録すると、アプリを見せるだけでカードを持参する必要がなくなります。スマホが、いきなり財布になるのです。いきなりステーキの電子マネーは肉マネーという名前で残高1175円と表示されています。

物理的な会員カードを持つのをやめて、アプリで管理すると残高やポイントもすぐに分かるので、いつのまにか有効期限を過ぎて失効してしまうミスを防げます。

私の iPhone の3画面目は決済アプリや会員カードだけを並べていて、決済のときには、この画面の中から一番良い方法を表示して支払うようにしています。数が増えるとちょっと面倒くさいですが、こうやって集めておくと、バラバラになっているより探すのが楽です。

ちなみに、ファストフードというフォルダーを作ってモスバーガー、マクドナルド、吉野家、いきなりステーキのアプリ等をまとめて収めています。

教訓と課題

いろんな支払いは、ポサカードのキャンペーンのときに購入して、その金券分を登録しておくとお得です。定期的にコンビニ店頭などで行われるので、カードの棚をチェックしましょう。会員カードや決済アプリが増えてきたら、スマホの同じ画面にまとめておくと、さっと提示できて、レジで焦らずに済みます。

世界で最も使われているクレカは銀聯《ぎんれん》

三井住友カードが発行しているが……

台湾での仕事が何度かあり台湾に行くと、困ったのが、VISAやMasterCardが使えないことでした。JCBはもちろんのこと、使えません。

店頭で使えるのは、銀聯カードだけと言われてしまうことが多いのです。

その事実に気がついて調べると、世界中で最も使われているクレジットカードは銀聯カードなのです。店頭ではUnionPayと書かれているときもあります。

ただし、日本では、それほど普及していません。銀聯カードを日本で発行してくれるクレジットカード会社は少ない。調べると、三井住友カードが銀聯カードを発行していました。

台湾のキャッシュレス生活で負けないためにも、急遽作成しました。試しに日本の家電量販店で使ってみると普通に使えます。ただ、暗証番号が6桁というのは普段4桁に慣れていると戸惑います。

なぜ中国で使えなかったのか

台湾に持参すると大活躍でしたが、中国本土では実はほとんど使えませんでした。中国本土ではタッチ決済の銀聯カード対応の決済機械がほとんどで、日本で発行した私の磁気カード式の銀聯カードは使える店がありません。

クレジットカードの方式との違いを簡単に説明しておきます。

磁気カードは、クレジットカードに黒く線が入っている部分に記録されている情報を使う方式です。決済端末にカードをスライドさせて読み取ります。

一番古いクレジットカードの方式です。

この次に登場したのがＩＣカード式で、クレジットカードを決済端末に差し込み、暗証番号などをボタンで入力する方式です。

タッチ式はカードに入っている情報を決済端末にタッチして伝える方式です。券売機で使う場合も物理的な読み取り機構のないほうが、故障もトラブルも少ないからでしょう。中国ではＱＲコード決済のアリペイを使うことになりました。

中国系のクレジットカードなのに、まさかの中国では使えないという想定外の事態になりました。残念ながら、利用者の特典はそれほどないのですが、もうしばらくは利用してみます。

教訓と課題

中国系の銀聯カードは日本でも発行可能ですが、意外と中国本土では使えませんでした。中国人観光客の多い台湾や日本ではいろんな店で使えます。

財布を持たない消費を現実にしたWeChatPayとAlipay

中国はスマホさえあればお金に困らない

前項で銀聯カードについて触れましたので、ここでは中国のQRコード決済について説明します。

中国では、ウィーチャットペイとアリペイの2つが主に使われるQRコード決済サービスです。2社で市場を独占しています。

中国ではスマホだけ持っていけばお金に困ることがありません。財布を持たない消費が現実になっています。中国の調査会社 iiMediaReseach 社によれば、2016年の中国のスマホ決済市場は約1000兆円と報告されています。あまりにも金額が大きすぎてイメージしづらいですが、問題になっている日本政府の借金である国債の発行残高が約900兆円ですから、規模感の違いに驚きます。2016年はアマゾンジャパンの売上が1兆円を超えた年でもありましたが、その1000倍です。

ウィーチャットは簡単に言うと、中国版のLINEで、そこから決済サービスウィーチャットペイが追加されました。つまり、SNS起点の決済です。LINEとLINEペイのような関係です。

運営しているのは、中国のIT企業テンセント（騰訊）で、他社がやっているサービスを上手に真似して自社サービス化しています。映画部門はアメリカの映画会社と共同製作などもやっているので、映画が始まる最初のロゴマークで、Tencent Pictures（騰讯影业）が表示されていることも最近だと多いです。シュワルツェネッガー主演のターミネーター：ニューフェイトでも見ましたが、ミッション：インポッシブルを製作しているアメリカのスカイダンス社の株式を取得したりと、映画化事業も加速させています。

売上高では世界最大のゲーム会社でもあり、時価総額ではアップル、グーグル、アマゾン、マイクロソフトと並ぶ世界5大企業入りしています。

もうひとつのスマホ決済サービスは、アリババグループが運営するアリペイです。アリババは中国での通販モールのタオバオ（淘宝網）などのネット通販からスタートして、決済サービスのアリペイを運用するようになりました。日本でいうと楽天から楽天ペイ、メルカリからメルペイという流れと同じです。

元々は企業間電子商取引のマッチングサイト「阿里巴巴（Alibaba.com アリバ

ターミネーター：ニューフェイト◉シリーズの生みの親のジェームズ・キャメロンが製作、シュワルツェネッガーが主演に復帰。作品満足度は高いが興行収入は伸び悩んだ。

バ・コム)」からスタートしていることもあり、ネット通販、電子取引を得意としています。

アリババが仕掛けたキャンペーンでは、毎年11月11日の独身の日(光棍節)があります。2019年はスタートして1時間で1兆4000億円の売上を記録しました。私が働いていた花王の年間の売上高が1兆5000億円ですから、それに1時間で並ぶとは。なんとも表現がしづらい規模感です。

中国人が日本でキャッシュレス生活をしようとしたら

中国国内だけで市場が回るので、2社とも外国人に対してこれらの決済サービスを開放していませんでした。しかし、2019年11月にアリペイもウィーチャットペイも外国人であってもパスポートなどで本人登録をして、国際クレジットカードからチャージすれば、使えるようになりました。

サービスが先に開始されたアリペイの仕組みを見てみると、国際クレジットカードから一度上海銀行の仮想口座にチャージします。このチャージ金額は上限が2000元です。2019年11月の相場で3万円相当ですから、大量のお金のやりとりはできません。あくまでも旅行者向けにおサイフ代わりに対応したという形です。

スカイダンス社◉カリフォルニアの映画製作会社。代表作はミッション:インポッシブル。中国資本が入ったことで中国での劇場公開と中国人俳優の起用が進む。

ちなみに、その逆はずいぶん前から開放されています。アリペイもウィーチャットペイも日本では使えたのです。

中国の観光客は、アリペイのアプリで、ペイペイの加盟店で決済することができます。少し遅れて、LINEペイとウィーチャットペイが提携し、日本のLINEペイ加盟店でウィーチャットペイでスキャンすれば支払えるようになりました。日本の加盟店は何の苦労もしないで、お客さまが増えるわけです。

しかし、中国のアリペイの加盟店ではペイペイでは払えません。あくまでも、中国のサービスを使う必要がありますが、決済の方法が開放されていなかったときに比べると格段に良くなったと言えるでしょう。

決済総額や企業規模を考えると妥当だろうと思います。

教訓と課題

日本の中で、中国からの観光客はAlipayもWeChatPayも使えます。インバウンド需要を取り込むために各社QRコード決済を始めているのです。

逆に、外国人でも登録すれば、中国でのスマホ決済サービスが使えるようになりました。

お金の歴史から未来を考える

現金使わない人間の財布とは

現金を使わなくなって時間が経つと、小銭入れの入った財布を持ち歩くのが嫌になってきました。小銭を入れる機会がないからです。

そこで、エアウォレット2という紙幣とクレジットカードだけが入る、軽くて機能性の高い財布に変えました。ここに無銭飲食しないためのもしもの現金3000円と必要なクレジットカードだけを入れるのです。この財布はシンプルな仕切りがあり、レシートと紙幣を分離して挟んでおけます。

硬貨の入らない財布しかないのに硬貨をお釣りでもらうと、とても残念な気分になります。適当な袋に入れてカバンの中に入れる他ありませんから。

昔の人は穴の空いた硬貨を使っていました。その穴に紐を通して硬貨を束ねて持ち歩いたり、保管したりしていたのです。穴を通すと整列することができますから、枚数を数えるのも速くなるでしょう。

江戸時代の寛永通宝を何枚か持っていますが、大きさや形が異なります。今の硬貨のような精度はありません。欠けたり、錆《さ》びたりした悪い通貨も流通していました。

粗悪な通貨は、鐚銭と呼ばれていました。金と悪を合わせた日本オリジナルの漢字です。中国ではこの漢字は存在しません。びたせん、びたぜにと読みます。

現在の日本では鐚銭は見かけませんが、値引き交渉のときに「びた一文も負けないよ」という言葉が今でも残っています。

お金の3つの機能

お金の機能は、交換、価値の尺度、価値保存の3つです。

硬貨という形に変わる前は、日本では、「米」が使われていました。戦国時代、江戸時代の武将の統治地を示すのに、加賀《かが》百万石、土佐《とさ》二十四万石のように石高《こくだか》で規模を表わしていたのは、価値の尺度だったからです。

江戸時代に食料の生産高が向上し、食べる以外のモノへの消費も活発化しました。

また、平和な世の中になったおかげで日本全国での商品流通が活発になりました。ですから、米より劣化もせず、持ち歩きしやすい硬貨が主流になったのです。

お金の機能の3つの原則はいつの時代も同じですが、社会経済の状況によって、交換の範囲や貯蔵の範囲が変わるのです。

米が主流になる前には、布が通貨の代わりに使われた時代もありました。布も持ち歩くことができ、衣服などに使うことができますから価値の尺度に合っていたのです。おそらく、衣服が普及してくると交換価値が下がります。米だと消耗品ですが、布の場合、長い間繰り返して使えます。また虫食いのような保管面での問題は、米より厄介かもしれません。

面白い事例としては中国ではフカヒレが貨幣代わりになったこともあるようです。貴重な食材でもあり、乾燥し軽量化して持ち運べますから。

古代の中国では、貝がお金として使われました。インド洋で採れるタカラガイを輸入してお金代わりにする時代が続きました。

そのため、お金に関係する漢字には貝が付きます。売買、財産、貢ぐ、通貨、販売、費用、貸し借り、貯蓄、貿易、資本、賃金、賄賂、質屋、褒賞《ほうしょう》、割賦、賭博、購入、賽銭、贋作《がんさく》、贈答などなど。

今では貝は使われませんが、言葉としては貝を使い続けているのです。

紙幣の幣の字に布編が使われているのも布がお金代わりだった時代の名残かもしれ

ません。御幣《ごへい》は神社でお祓いなどに祭祀で用いられますが、物質としては単なる紙です。ですが、神聖なものと皆が共通認識することで神具となります。

外国人にとっては共通認識できませんから、神社の御幣は単なる紙にしか見えないでしょう。紙幣も同じです。日本人にとっては福澤諭吉の紙幣を見れば、ありがたい気がしますが、紙としての製造原価は100円以下です。

日本人はあの紙幣をみんな1万円の価値があると共通認識を持っているので、日本では価値を持ちます。同じ紙幣を日本とのやりとりのない国に持っていっても1万円の価値と等価にはなりません。共通認識がないからです。

兌《だ》換《かん》から不換へ

私が過去に訪問したラオスやフィリピン、クロアチアの紙幣が手元にありますが、これは日本では使うことはできませんし、両替することも困難です。これらは、不換紙幣だからです。

昔は、兌換紙幣と呼ばれる金と交換できる紙幣が日本でも使われていました。兌換紙幣は世界中で交換できる金に置き換えることができます。ただ、紙幣を発行するためには、交換を依頼されたときのための金を備蓄しなければなりませんでした。

御幣（ごへい）◉神社で使われる神祭用具。木に紙垂（しで）と呼ばれる特殊な裁断をして折った白い紙を取付けて作る。紙垂はしめ縄や玉串にも取付けられる。紙垂は神聖な場所だという境界を示しているとも言われている。

この仕組みはお金をたくさん発行して回転させる経済では維持が難しくなり、どの国も兌換紙幣から不換紙幣へ変更していきました。この変更時には現地では混乱もありつつも、です。

キャッシュレスは不換紙幣から紙幣を介さない取引への、避けられない変更です。その途中には混乱もあるのは当然なのです。今更、貝や布、米に戻ることができますか。

明治以前は石高で国を表記していたわけです。明治はたかだか150年くらい前の話です。明治時代に国際的に通用する通貨制度を持ちたくて、兌換紙幣と銀貨を鋳《ちゅう》造《ぞう》しました。

最初は技術もないので、アメリカで印刷した日本の紙幣でした。銀貨を発行した理由は、日本ではその当時、銀を産出したからです。

世界恐慌後に金と交換するという金本位制度が崩壊し、日本でも現在のような不換紙幣を発行し始めました。1942年のことですから、80年くらい前の話です。今では当たり前のように、福澤諭吉さんの1万円札をありがたがっていますが、そんなに長い歴史ではないのです。

お隣の国、中国では1995年1月1日に流通を中止するまで、外貨管理のために兌換元を使っていました。それが今では不換紙幣になり、それも使わずにQRコード化された元を使っています。中国では国としてデジタル通貨を発行するのではという噂もあります。

木を輸出し、宋銭を輸入

話を昔に戻しますと、中国の宋銭が日本で使われた時期もありました。「平家にあらずんば、人にあらず」という言葉が残っているくらい平家が日本中の権力を手にした時代です。

平家は中国と貿易を行い巨額の富を得ました。このときに日本が輸出できるものは、「木」でした。当時は1番のエネルギーが木でした。火を起こすには木が必要です。鉄を鋳造するためには多量の木を必要としました。

こう考えると、現在の産油国のような立ち位置が当時の日本です。木を輸出して、中国より陶器や仏像など文明の利器を輸入したのです。

その中に宋銭もありました。日本では鋳造の技術が整っていなかったところに、商売が活性化したことで米や布でない通貨が必要になったのでしょう。

人間の活動には、必ずエネルギーが必要です。人を動かすための食料というエネルギー、その仕事を効率化させるためのエネルギーとして、灯《あか》りや暖房が必要となり木がエネルギー手段として太古から使われていたのです。

より効率的なエネルギー手段が見つかると移行が始まります。石炭という資源が見つかり、次に石油やガス、そして電気というエネルギーになりました。

エネルギーにもお金と同じく貯蔵性が重要です。私が電気自動車に着目したのは、バッテリーの技術が向上したおかげで貯蔵性が弱点だった電気に貯蔵性が付与されつつあるからです。エネルギーの面でも産業シフトが起こっているのです。

中国では電気自動車が日本以上に普及しています。バイクはほとんど電動バイクになりました。中国は産油国ではないため、このシフトが速く進んでいます。

ヨーロッパも同様です。アメリカは産油国なので、テスラだけは有名ですが、一般には電気自動車が普及していません。

スマートフォンは電気とバッテリーというインフラで動きます。つまり電気というインフラは、現代のエネルギーの中核なのです。

現代のお金はデジタル化された情報

紙幣は人と人が面と向かってやりとりをするときには便利なものでした。硬貨より軽く持ち運べます。高度な印刷技術を駆使して国が発行していますから贋作《がんさく》も造りづらい。

日本の場合、紙幣をもらったときに偽物かどうかを確認することはほとんどないでしょう。ですが、現代は人と人が面と向かってやりとりしない取引も増えました。アマゾンに代表される通販です。

現金しか信用できない人は運送会社のサービスの一つである、現金代引きのような方法を使うしかありません。少し前だと、この方法を使っていた人も多かったですが、最近は減っています。銀行のネットバンキング、クレジットカード決済など、お金の情報はネット上でデータとして動いているだけです。

電車に乗るときに、交通系ICカードにチャージした電子マネーで乗るのが当たり前になりました。現金の授受はチャージするときに、券売機に対して行うだけで、改札の駅員さんに現金を見せることはありません。つまり現金をチャージするときに受け取るのは機械です。

機械が正しいお札を認識できるように、センサーを取り付けて判断します。読み取ったあとは、交通系ICカードにお金の情報だけがチャージされます。

つまり、現代のお金は電子化された情報になっています。

だれでも最初は信用できなかったのです。スイカも導入当初は利用するとしても多額の金額を入れておくのを躊躇《ちゅうちょ》している人もいました。

ですが、最近では当たり前のように使っているはずです。

「スマホがお金代わりに」が自然な流れ

お金の歴史を振り返ると、スマホがお金代わりになるのが自然な流れなのです。よくある否定的な人の意見は、電気が使えなくなったら、キャッシュレスだと困るから現金だと言います。

そんな事態は災害の多い日本でも稀《まれ》なケースです。日本全体がそういう状況にはなりません。被災していない地域では電気もあり、キャッシュレスな生活もできます。

被災された地域ではいろいろな救援活動がなされますから、そのときにお金は必要ないはずです。

すべてを奪い合わないといけないほど、今の日本は貧しくありませんから。

実際に、私自身も財布に7万7千円も入れていた生活から現金を持たない生活にシフトするのには、思考の切り替えが必要でした。

ただ、使わないと決めて世の中を見直してみると、予兆は散見されています。

そう考えると、新札発行の２０２４年というタイムリミットまでに、日本のキャッシュレス化は完了するでしょう。

教訓と課題

お金は、交換、価値の尺度、価値保存の３つを持てば成立します。歴史的にさまざまなモノがお金として使われてきており、紙幣という現金はその歴史の一つでしかなく、絶対ではないのです。

破れたお札を日銀本店で交換する

福澤諭吉《ふくざわゆきち》さんの顔がなくなった！

何年か前にお札を破いてしまいました。やっちまった感じです。一万円札の福澤諭吉さんの顔がなくなってしまいました。

紙幣を発行している日本銀行のホームページによると、紙幣を破いてしまった場合は、状態に応じて交換してくれるそうです。その場合は、欠損の割合によると書かれています。

日銀ではなく、近くの銀行に持っていくと、そこから銀行券（紙幣）を発行している日本銀行に問い合わせて、交換してくれます。その場合は少し時間がかかります。

私のやぶけた紙幣は、福澤諭吉さんの顔が狙ったように、まったくありません。1／3以下だと、全額戻ってくると書いてあるのですが、かなりの割合がなくなっているように見えます。ちょうどそのくらいの微妙な割合なのです。どうなってしまうのか。ただ、顔がないと何の紙幣だか分からなくなるのは不思議議です。

福澤諭吉◉大分県の中津出身の語学の堪能な武士。オランダ語、英語を話す。25歳のとき、日本人で初めて太平洋を横断した蒸気船咸臨丸に乗って渡米。漢文ではなく、漢字とかなの混じった現在のような日本語の文章スタイルを明治時代に確立。

顔の部分がなくなってしまったのは偶然なのですが、あまりにもできすぎてしまっています。面白いので、ついついそのままにしておいたのです。破けてしまって、面白いというのもいけないことですが、わざと破いたわけではありません。

折角の機会ですから、この本を執筆中に日銀本店に行って、交換してもらうことにしました。

日銀本店の物々しい雰囲気を楽しむ

日銀本店は、東京の中心地、日本橋《にほんばし》にあります。平日の午後に訪問したのですが、物々しい警備です。入り口には警備の人が何人も立っています。

明治15年開業で、建築は当時の売れっ子建築家の辰野金吾《たつのきんご》氏です。東京駅など明治時代の有名な建物は彼の建築が多い。

その立派な造形の古い建物（本館）に行くと、紙幣の交換は隣の新館に行ってくださいと指示されました。新館といっても、石造りの重厚な外観です。この日銀本店の石は、あの岡山の離島から来ています。

私を3連敗に追い込んだ日本の石切場、北木島で採れた石との感動の再会です。最近の建物には、新しい技術を使った新しい素材が使われるので、こういう古い石造り

これが顔のないお札

日本銀行◉略称は「にちぎん」。正式名称は日本銀行で、紙幣にもNIPPONGINKOと書かれているが細かい字なので、拡大鏡を使わないと見えない人も多いだろう。全国主要都市に支店があり見学もできる（要予約）。

のものは珍しいですし、むしろ建築コストも高くなりますから。
キャッシュレスというのは、紙幣ではない新しいテクノロジーですから、オールドテクノロジーの象徴の紙幣を交換するために、日銀本店の石造りの荘厳な外観を見て、感じるものがあります。

持ち物はすべてX線検査を通して、入館します。写真撮影も禁止のようです。いたるところに、警備の人がいて、「紙幣の破損については、こちらの窓口です」のように案内してくれます。

お客は、ほとんどいませんので、窓口でも並びません。破れた一万円札を出すと、申請書類に記入を求められます。住所、氏名などを書きこみ、身分証明書を見せて提出します。履歴を追えるように、でしょう。そのときに、どうして、こういう状況になったのですかと聞かれました。

「実は、紙幣を10枚単位にするのに、9枚と半分に折り曲げた1枚で仕切りを作るようにしていたのですが、うっかりしていまして、それをそのままATMに入金したら、ちぎれて、顔のない状態になって出てきました。顔の部分はATMの中に入ってしまったようで、ありません」

私自身がこの状態にしていたわけではないのですが、講演会やセミナーで集金担当

辰野金吾◉佐賀県の唐津出身の下級武士より東大の1期生として入学。その後ロンドン大学で学び、東大教授に就任。兼業で辰野金吾建築事務所を経営。日本銀行、東京駅舎、岩手銀行本店、唐津銀行、武雄温泉楼門など明治を代表する建築物を設計。

の人が紙幣の数がわかりやすいように、こういう紙幣の整理の仕方をしてくださることはよくあります。私自身はこういう整理の方法はしないので、ついついそのままATMに入れてしまったのです。

破けたあとの紙幣が戻ってきたときには、やってしまったと思いましたが、あまりにキレイに顔の部分だけ偶然にないものですから、記念にとっておいたのです。戒めの意味も込めて。そのあとからは、紙幣を折り曲げた状態は基本的に作らないようにしています。

5分くらいして、1万円札が帰ってきました。新札でした。3分の1しか破れていなかった、ということですね。あっさりしたものです。手数料も0円です。

教訓と課題

お札は破れても手数料0円で交換してくれます。

ATM（automatic teller machine）◉自動で出納する機械。銀行だと指定の口座に現金を出し入れする窓口に替わる機械だが、コンビニだと硬貨の授受をなくして費用を抑える工夫をしている。警備や現金輸送、保守点検などの維持管理費の負担が問題になっている。

銀行の対応にはまだ「遅れ」がある

スクレイピングという手法の問題点

クレジットカードや銀行の口座情報をまとめて表示する会計サービスが増えました。例えば、ＪＣＢのクレジットカードとＶＩＳＡのクレジットカード、みずほ銀行口座とイオン銀行の口座をまとめたいとすると、従来であれば、それぞれから情報を取得して自分でまとめるしかありませんでした。

これを自動的にやってくれるサービスがクラウド会計ソフトと呼ばれています。クラウド会計ソフトの代表的な2つがfreeeとマネーフォワードです。この2社は急成長して上場企業になりました。

クラウド会計ソフトと銀行やクレジットカードの口座情報を登録しておくと、会計ソフトが定期的に巡回して、バラバラだった口座情報を一つにまとめてくれます。会計的な仕分けまで自動的にやってくれます。

実際に使ってみると便利です。

ただ、実際のところはまだまだ課題も多く残っています。スクレイピングと言われる手法のセキュリティ問題です。

現状では、クレジットカードや銀行のネットバンキングのシステムの多くは、外部からの接続を許可していません。正確には、外部から接続できるツールが作られていないシステムも多いのです。そこで、スクレイピングという方法を使って、クラウド会計ソフトはデータを取得します。ＩＤやパスワードなどネットバンキングのログイン情報をクラウド会計ソフトに預けることで、クラウド会計ソフトが本人に代わってシステムにログインして、ＷＥＢ上で表示されるデータを抜き出して、クラウド会計ソフトの中にデータを移します。

自動的にやってくれるので大変楽ちんなのですが、この方法は、大事なＩＤやパスワードをクラウド会計ソフトに預けてしまっています。極端な話、データの抜き出し作業以外のことに使われてしまう危険性もあるわけです。あるいは、パスワードの漏《ろう》洩《えい》なども懸念されます。これを防止するためには、ＡＰＩという手法がネット業界では一般的です。

簡単に言うと、ＡＰＩとは一部の機能だけに限定して公開して、外部からも利用できるようにする手法です。

必要な情報だけのやりとりですと、不正利用も防げます。ですが、まだAPIでの接続対応をしていない銀行やクレジットカード会社のシステムが多く、危険があるとわかっていても便利なスクレイピングの手法が横行しています。

API接続に対応するところは今後増えるはずですし、クラウド会計ソフトでもセキュリティ面やスクレイピング問題には充分に留意しているはずですが、私たちも便利の裏に問題も残っていることも認識しておかねばなりません。

教訓と課題

クラウド会計ソフトで、さまざまな決済情報を一元管理できるようになりました。ただし、スクレイピングの手法を使う場合がまだ多いため、セキュリティ面での不安は残っています。今後のAPI対応が期待されます。

電子マネーにも有効期限がある！

電子マネーではタンス預金ができない

以前にdカードVISAを作った話をしましたが、カードを整理していたら、ポイントカードだけのdカードが出てきました。

「ポイントカードを作りませんか？」と聞かれると、その買い物のポイントを無駄にするのが嫌でついつい作ってしまいます。この機会に一気に残ポイントを使いきりカードを廃棄することにしました。

ローソンのロッピーという端末を使えば、dポイントカードの残高を確認することができます。そこで、残高を確認したら、253円分のポイントが入っていましたので、その金額以上の買い物をして、残りをクレジットカードで決済してしまいました。2枚のdポイントカードを使って支払いはできません。図書カードのように足りない残高をもう一枚のカードで払いたいのですが、ポイントカードではできません。

ですから、使い切ってすっきりです。カードも破棄し、断捨離《だんしゃり》です。dポイントは

4年で失効します。放置カードは油断していると、せっかく貯めたポイントが失効してしまうのです。

Tポイントは1年です。つまり1万ポイントを貯めたTカードがあっても366日放置すれば、1万円分のポイントは消失です。途中でそのTカードを使えば有効期限はその時点から1年に伸びますが、死蔵して放置しているカードだと、1年くらいはあっという間に経ちそうで、もったいない。

現金だとできるタンス預金がポイントカードだとできないのです。Tポイントカードも探して使い切ってしまうことにしました。

同じポイントカードが複数ある人はとにかくメインだけ残して、使い切って処分してください。使わないで死蔵している間に消失してしまうおそれがあるからです。

電子マネーも使わないと消えてしまう

交通系ICカードもたくさん持っていました。相互接続していない時代に作ったものです。名古屋のマナカ、東京のパスモなど。

驚きの事実は、チャージした電子マネーも一定期間の利用がないと消失します。スイカの場合は10年で消失します。現金からチャージしたはずのお金が消えるとは想像していませんでした。

チャージ分は使い切ってしまって、デポジットがあれば早めに回収してしまったほうが得策です。メインの交通系ICカードだけに集約しましょう。

楽天エディも同様に有効期限が4年と設定されています。

流通系のナナコやワオンには有効期限はありませんが、電子マネーを使ったときに貯まるポイントには有効期限があります。ということで、こちらもメインのみに絞ってこまめにポイントを電子マネーにチャージして使うように心がけておきましょう。

ほんと、作りすぎていたので、私の場合は集約が大変でした。早めにやらないと失効してしまうかもという強迫観念がなければ手をつけなかったはずなので、そういう意味では良いきっかけになりました。

教訓と課題

ポイントカードや電子マネーは有効期限があるので、各1枚だけに集約するのがベストで、こまめなチェックをお忘れなく。

どのペイが結局得なのか、1年やってみた結論

楽して美味しいところを手に入れるために

結局どれがお得なのかという結論が知りたい人も多いでしょう。

還元率を上げて、もらえるお金を最大化するためには、全部の美味しいところをいただくしかありません。決済方法を提供している各社が、お客様を獲得するために競争を繰り広げているからです。

私のようにさまざまなキャッシュレス手段を駆使すれば、増税前より格段に安く、モノを手に入れることができますが、正直なところ面倒くさい。ですので、楽してある程度の美味しいところを手に入れるための方法をお伝えします。

QRコード決済は、決済端末を必要としない利点があるため、今後も増えるでしょう。年末にトヨタがトヨタウォレットというQRコード決済で市場に殴り込みをかけています。いくつ入れてもスマホは重くならないので、使いこなせる人は切り替えて使えばよいのですが、ただ一つだけ入れるQRコード決済を選ぶとしたら、ペイペイ

です。加盟店を増やす活動も地道にやっているため、日本全国で一番使える店が多い。ソフトバンクの資金力で還元率も高く、早く使わないと損です。

どの決済方式も2019年に行われた大盤振る舞いの還元キャンペーンは沈静化していくはずです。数%の決済手数料の市場を取るために争っているわけですから、その戦いの勝負がつけば、還元率は現在のクレジットカード程度のポイント還元率に落ち着くはずです。

もちろん、販促のキャンペーンは残りますから、局所的なお得な話は今後も出てくると思いますが、なんでも20%引きというようなキャンペーンは減るはずです。

つまりは、早く始めるべきなのです。

次にお得なのが、ドコモ系のd払いやiD、楽天グループの楽天ペイや楽天ポイントです。イオンやセブンイレブンのような流通系より通信系のほうが販促費を多く充てています。

ソフトバンクのように軍資金がたくさんある会社がより高い還元率になります。軍資金が潤沢なのは、ソフトバンク、ドコモ、楽天の順です。

通信系だと使う店を選ばないという利点があります。流通系はどうしても自社誘導をしたいと考えますから、使える店が限定されます。ですので、○○ペイは通信系が有利でお得です。

近くで自身の使う流通系チェーンがはっきりしていれば、流通系チェーンの決済サービスを押さえるのが得策ですが、還元率はそれほど大きくはないでしょう。

通信系決済手段は新興勢力です。ですから、勢力拡大のために軍資金をたくさん投入しています。お客さまを確保すれば、今後の利益が確保できるからです。

教訓と課題

どのペイを使うと得なのかという答えは、当分はペイペイ。
その次はドコモのd払いかiD。
その次は楽天ペイ。
新興勢力で軍資金の多い通信系のペイを使うと良いでしょう。

キャッシュレス時代のクレジットカードの選び方

2枚持ちから10枚持ちの時代へ

メインカードとサブカードを持つというのが、クレジットカードの王道的な鉄則でした。ですが、キャッシュレス戦国時代は10枚くらいのお得なカードを使い回すと良いでしょう。

10枚も持つのは面倒だと思いますが、実際には持ち歩きません。また、無料で発行、維持できるカードがほとんどですから枚数を持つお金的なデメリットは少ないです。

メインの3枚程度だけ持ち歩き、あとはアップルペイやグーグルペイに登録してスマホで切り替えて使えるようにしておけば、物理的なカードは自宅保管でOKです。私の場合、キャンペーンがあるときだけ、その都度持っていく程度でした。

さらに近い将来には、カードすら発行せず、スマホ内に存在するだけという世の中になるはずです。すでに後発組のメルペイやトヨタウォレットではマスターカードを

iPhoneの中だけで発行&完結できるようになっています。

まずは、クレジットカードブランドの選び方です。クレジットカード会社が世界中でインフラを構築しましたのでクレジットカードはキャッシュレスでは外せません。

ただ、最近は状況が変わりました。海外で使う場合、VISAが定番でしたが、キャッシュレス時代の最強のクレジットカードは、VISAではなくマスターカードです。コンタクトレスに対応したマスターカードが一枚あると便利です。

VISAはアップルと提携していないのでアップルペイでは使えません。

国内だけの利用であれば、JCBかAMEXカードです。JCBとAMEXは提携しているので、JCBの使えるお店はすべてAMEXが使えます。AMEXのシールが貼っていなくても大丈夫です。

電車の利用のある人の必須のカードは、全国共通の交通系ICカードです。オートチャージできるようにJR系、東急、西武、メトロ系など自分の利用する路線の鉄道の系列会社のクレジットカードで発行するのが良いでしょう。

地域に根ざした特典もあるので、よく利用する地元のクレジットカードを選んでおくと、キャンペーンなどの恩恵に与《あずか》れるはずです。

交通系の電子マネーは日本全国の鉄道へ利用範囲がさらに広がっていますし、店舗での物販の購入にもさっと使えます。オートチャージできない交通系ＩＣカードですと、現金を介さなければならず手間がかかります。改札を通過するとき残高不足で立ち往生しないように、オートチャージ機能があるものをオススメします。

ポイントを貯めたい人は、楽天ポイント、ｄポイント、Ｔポイントです。キャッシュレス時代のポイント３種の神器です。どれもクレジットカードと一体化されているポイントカードがオススメです。Ｔポイントであれば、ファミマＴカードやヤフーカードが無料で発行でき、オススメです。

入会費も年会費も要りません。ポイントカードもスマホに登録しておけば、リアルなポイントカードを持参する必要がなくなりつつあります。

教訓と課題

現代は、10枚程度のクレジットカードを目的に応じて切り替えて使うのがお得。それをスマホに入れて、お得度に応じて切り替えて使うと良いでしょう。交通系ＩＣは地元に根ざした会社でクレジットカードを発行してオートチャージするのがオススメです。

あとがき

ペイペイの100億円キャンペーンがネットやテレビでも話題になったのが2018年、その翌年2019年秋の消費税増税前に各社キャッシュレス競争が加速しました。日本政府もキャッシュレス社会を推進するというお達しもありましたが、人はなかなか変わることを嫌います。

ですから、2019年という年は、令和元年でもあり、キャッシュレス元年なのですが、まだまだ過渡期の様相の日本でした。

2020年は東京でオリンピックが開かれます。その5年後の2025年は大阪で万博が開かれます。世界からの観光客が日本にどっと押し寄せることを期待しているのです。

日本の人口は、2018年の総務省の発表では1億2644万人で、前年度より減っています。それどころか8年連続のマイナスです。

対して、訪日観光客は2018年に3119万人、7年連続のプラスです。日本経済は日本人だけで回るわけではなく、周辺国からの観光客の消費も大きい時代になっているのです。

そこで、周辺国である中国、台湾、香港のお金の支払い方法が日本にも関係するのです。中華圏の3地域の状況はそれぞれ歴史的、地理的立ち位置で異なりますが、中国本土からの観光客が日本では一番多く、中国では完全にQRコード決済を使ったキャッシュレス社会に変化していました。

それに対応するように、日本で巻き起こったのが、○○ペイと言われるQRコード決済ブームです。

中国人観光客に早く対応し、市場シェアを伸ばした会社が先行利益を受け取れるということもありQRコード決済が加熱したわけです。つまりはインバウンド需要に対応するべく起こったのがペイブームの要因の一つでした。

お隣の中国では銀聯《ぎんれん》カードというデビットカードが富裕層のインフラとして増えていましたが、一般の人までには広がっていませんでした。この市場にアリババグループのAlipayとテンセントグループのWeChatPayが参入し、中国という広大な市場を二分しました。2019年の世界中の企業の時価総額ランキングで、この2社は10位以内に入っているのです。その他の企業はすべてアメリカ企業です。日本からはトヨタ自動車が40位に入っているのが最高位です。

この急成長したアリババに先行投資していたのがソフトバンクの創始者の孫正義《そんまさよし》氏でした。おかげで、ソフトバンクは潤沢《じゅんたく》な資金を持つことができ、その結果グループ企業のペイペイで大規模な100億円還元という奥の手を出し、後発ながら、一気に日本での認知度を1位にまで押し上げました。

この動きに翻弄《ほんろう》された流通系や通信系の決済サービスの先行陣は、会社間での提携やキャンペーンを早急に進める必要に迫られ、キャッシュレス戦争の動きが活発化しました。最大の失策は、ペイペイと同じような大幅還元という実弾投入をしたために赤字決算に陥り、逆に市場からの撤退スピードを早めてしまいそうな状況になっていったことです。

実際にキャッシュレス生活を送って企業の動きを見ていると、消費税増税前に、予兆が見え隠れしていました。

年末にラインペイが悲鳴を上げ、LINEがソフトバンクグループ傘下に入りました。同時にラインペイと提携していた決済陣営も同盟の組み換えを余儀なくされています。

日本は、世界有数の経済大国です。消費大国でもあり内需も多い。ですから、通信業、流通業、製造業、金融業、運輸業、商社が企業体力を持っているのですが、人口が落ち着いてしまっている以上、従来市場の成長は期待できません。

そこで、各社がこぞって成長市場だと挑んでいるのが、キャッシュレス市場なのです。この戦場では、業界の枠を越えた戦いが起こっているので、話が複雑に見えるのです。

ある場所では、ソフトバンクとＪＲが戦っています。トヨタと銀行が手を結んで、イオンと戦うこともあるでしょう。トヨタ車で買い物へ行き、イオンで買い物をしている風景の中で、キャッシュレス市場では覇権を争っているのです。

この状況を生み出した元凶は、アップルが生み出したスマートフォンiPhoneです。スマートフォンによって、世の中のコミュニケーションの流れ、情報の流れが一変しました。

有線が繋がっていないところで、どんな情報でも瞬時にやりとりできる時代になりました。Twitter、Facebook、インスタグラムなどのＳＮＳが流行したのは、スマートフォンと通信環境という2つのインフラが整ったからでした。人と繋がるコミュニケーションのために、スマートフォンが必ず持ち歩くものの一つになりました。

カメラという道具が発明されたときは、特別な瞬間だけを切り取る道具として使われていました。ですが、いまは、毎日持ち歩くスマホの中にカメラが搭載されたおかげで、誰もが日常の瞬間を切り取れるようになりました。おかげで、世界各地で突然発生した事件でも、報道機関が駆けつけるより前にスマートフォンで撮影され、リアルタイムに実況される世の中になりました。

世界中の人がスマートフォンを持つという時代が現代なのです。今では、スマートフォンもインフラの一つです。

有線の通信網に比べて、無線の通信網は設備投資にかかる費用や手間が少ない。100件の電話回線を引くためには、100本以上のケーブルを張り巡らさねばならなかったわけですが、これが無線技術の進化により、基地局を1つ置くだけで済むようになったわけです。

ですから、トイレのようなインフラのない地域でもスマートフォンは繋がるのです。世界各地に、ウンチは流れないが、情報は流れる場所がたくさん生まれました。

情報を流すことができるということは、欧米諸国が築いてきたインフラであるクレジットカードのような信用情報に基づく決済手段を、無線回線でもできるようになったわけです。

ただ、信用情報でやりとりするという決済方法が普及していない地域では、通信インフラは整ってもその恩恵には与れませんでした。

中国で始まったＱＲコード決済がそのハードルを越えさせたアイデアでした。スマホの中にお金をチャージしておき、カメラを使って決済情報をやりとりすることで、信用ではなく現物取引をスマホで行うという仕組みです。この手法だと、銀行というインフラもクレジットカードというインフラも必要ありません。中国、インド、アフリカなどではこの決済方法が広がっています。つまり、世界中の人口が集中している地域で、ＱＲコード決済という方法は一般的になりつつあるのです。

一方、日本では人口増は見込めず、そのため政府は、観光客の誘致に力を注いでいます。２０２０年の目標が４０００万人、２０３０年は６０００万人という目標です。と考えると、これから成長してくるであろう国で使われている決済手段を取り込んでいたほうが得策だろうと、どの企業も考えて競争が行われているのです。

外国観光客にとって、便利なコンビニ、お土産物を買うドラッグストアや家電量販店、飲食店もＱＲコード決済が進んできました。

残すところは、観光地周辺の施設です。ペイペイは中国の決済サービスのアリペイと提携しています。つまり、中国人観光客は、ペイペイの加盟店でQRコードを中国本土で使っているアリペイアプリで読み込めば、スマホで支払うことができます。日本円への両替も必要ありません。お金の流れは見えませんが、お店↓ペイペイ↓アリペイ↓お客様へと繋がっているのですが、やっている行為は中国でやっているのと同じQRコードを使って支払うという動作です。

私自身、中国でQRコード決済を使ってみて、日本でやっているから全く戸惑うことなく支払うことができていました。

欧米では、クレジットカード決済のインフラが無線規格の非接触に移行していきます。VISAタッチ、マスターカードコンタクトレスに代表されますが、クレジットカードに((のようなWiFiのようなマークが付いているクレジットカードをスイカのようにかざせば、クレジットカードでの決済が終了します。

この方式では日本は遅れていますが、世界は、この方式に移行しています。これに対応したスマートフォンも出ています。アップルペイ、グーグルペイ、サムスンペイはこの無線規格を利用した決済方法です。つまりスマホの中に財布の機能が完全に入ってしまうことになりますから、ここでも競争が行われています。

現代は、スマホ決済という戦場で、どこが勝つのかという戦国時代なのです。世界中でこの戦いが行われています。アップル、Google、Amazon、FacebookというIT企業、アリババ、テンセントなどの中国企業。VISA、マスターカードのような従来の決済市場の覇者も負けられないように仕掛けてきています。

日本市場では、トヨタのようなメーカー、スマートフォンのインフラを提供しているドコモ、au、ソフトバンクなどの通信会社、イオン、セブンイレブン、楽天のような流通系の会社、さらには銀行や郵貯などの金融系の会社、JRなど交通系ICカードの技術を持つ会社も参戦して、生き残りをかけています。

私の予想では、通信系のIT会社が生き残るだろうと思います。現状抜けているのは、ソフトバンク率いるペイペイとドコモのiD、d払いです。次に強いのが楽天グループですが、形勢がはっきりするのは、2020年春から始まるスイカとの提携が具体化されてからになるでしょう。

この3陣営の三国志時代が、新札の発行される2024年まで続くでしょう。第4の勢力として、2019年の冬に登場した古くからの大企業トヨタと銀行の連合の出方と実力はまだ未知数です。

戦国時代は、新札の発行の年である2024年に終結します。日本中でATMを新札に対応するために切り替えていかねばなりません。

切り替えとともに、ATMもより効率的な形に代わってくるでしょう。キャッシュレス化することで、仕事の効率が上がります。少子化で労働人口の減っている日本で、無駄な仕事をさせている余裕はありません。キャッシュレスという手段を駆使することで、同じ体験や消費をよりスムーズに行うことができるようになるはずです。

明治時代を切り拓《ひら》いた実業家の渋沢栄一《しぶさわえいいち》さんの登場と同時に、新しい日本のキャッシュレスの時代の幕開けとなるはずです。

このようなエキサイティングな時代を生きることができ、私はラッキーだったなぁと思います。

※海外編と最新情報はこちらに。cashless-life-japan.net

2019年の成績　17敗1分け

75日目　セブンイレブンのオートチャージ時差　1敗

86日目　鹿児島港からのバス　1敗
134日目　市内から松山空港へのバス　1敗
142日目　山形県上杉謙信公の墓参り　1敗
190日目　岡山の離島、北木島　3連敗
195日目　高校野球の東京地区予選観戦　3敗
208日目　東京で大学の先生が主催するセミナー　1敗
263日目　広島の府中　3連敗
273日目　大阪の喫茶店ベローチェ　1敗
319日目　TOHOシネマズ4D映画館でのコインロッカー　1分け
353日目　東京の近所の医者　1敗
353日目　新潟の温泉地、越後湯沢のタクシー　1敗

おかげさまで、楽しいキャッシュレス元年になりました。

美崎栄一郎

キャッシュレス生活《せいかつ》、1年《ねん》やってみた
結局《けつきよく》、どうするのが一番《いちばん》いいんですか？

令和2年2月10日　初版第1刷発行

著　　者　美《み》崎《さき》栄《えい》一《いち》郎《ろう》
発 行 者　辻　浩明
発 行 所　祥《しよう》伝《でん》社《しや》

〒101-8701
東京都千代田区神田神保町3-3
☎03(3265)2081(販売部)
☎03(3265)1084(編集部)
☎03(3265)3622(業務部)

印　　刷　萩原印刷
製　　本　積信堂

ISBN978-4-396-61718-9 C0030　Printed in Japan
祥伝社のホームページ・www.shodensha.co.jp